Mach mal was!

mosaik

Doro Ottermann

Mach mal was!

Mitmachen,

selbst machen,

glücklich machen.

mosaik

MIX
Papier aus verantwortungsvollen Quellen
FSC® C083411

Verlagsgruppe Random House FSC® N001967

Das für dieses Buch verwendete FSC®-zertifizierte Papier EOS liefert Salzer Papier, St. Pölten, Austria.

Quellennachweis S. 68: Ott, Edgar: "Probier's mal mit Gemütlichkeit". Das Dschungelbuch Original Soundtrack (neue deutsche Version), Disney Records 2007, CD

1. Auflage
Originalauflage August 2015

Umschlaggestaltung: zeichenpool, München
Umschlagmotive: Doro Ottermann
Gestaltung: Doro Ottermann
Gesamtherstellung: CPI books GmbH, Leck
KW . Herstellung IH
Printed in Germany
ISBN 978-3-442-39275-9

www.mosaik-verlag.de

☐ Stell dich mit dem Buch vor einen Spiegel und lies das Vorwort.

Hallo!

Wenn du diesen Text lesen kannst, hast du schon verstanden, worum es in diesem Buch geht:
Es geht ums Sachen machen. Um Erfahrungen und Erlebnisse. Und ums Spielen.
Das Buch soll dir dabei helfen, runter vom Sofa zu kommen und dich in interessante Situationen zu bringen, die dein Leben bunter machen.
Die Dinge, die du dafür benötigst, hast du schon: dich selbst zum Beispiel, deinen aufgeweckten Kopf, Neugierde und Lust am Spielen und Ausprobieren.
Zusätzlich wären hin und wieder ein Notizbuch, ein Stift, Mitmenschen und eine Büroklammer sehr nützlich.
Aber jetzt genug davon. Raus mit dir. Mach die Welt zu deinem Spielplatz.
Viel Spaß!

Los geht's!

Inhalt

Erleben

Spielen

Jagen & Sammeln

Fühlen

Rausgehen

Erleben

Sammle alle diese Erlebnisse!

	ein Buch lesen	etwas Essbares finden	einen Tanz aufführen	ein Souvenir finden	einen Tee trinken	die Umgebung zeichnen	lachen
zu Hause	☐	☐	☐	☐	☐	☐	☐
im Park	☐	☐	☐	☐	☐	☐	☐
auf dem Weg zur Arbeit	☐	☐	☐	☐	☐	☐	☐
im Museum	☐	☐	☐	☐	☐	☐	☐
auf einem Spielplatz	☐	☐	☐	☐	☐	☐	☐
gelangweilt	☐	☐	☐	☐	☐	☐	☐
auf einem Berg	☐	☐	☐	☐	☐	☐	☐
unter einer Brücke	☐	☐	☐	☐	☐	☐	☐
im Schwimmbad	☐	☐	☐	☐	☐	☐	☐
auf einem Baum	☐	☐	☐	☐	☐	☐	☐
im Flugzeug	☐	☐	☐	☐	☐	☐	☐
heimlich	☐	☐	☐	☐	☐	☐	☐
in einer Menschenmenge	☐	☐	☐	☐	☐	☐	☐

☐	☐	☐	☐	☐	☐	☐	☐	☐	☐	☐	☐	☐	auffallen
☐	☐	☐	☐	☐	☐	☐	☐	☐	☐	☐	☐	☐	jemanden anrufen
☐	☐	☐	☐	☐	☐	☐	☐	☐	☐	☐	☐	☐	schnurren wie ein Kätzchen
☐	☐	☐	☐	☐	☐	☐	☐	☐	☐	☐	☐	☐	eine Pause machen
☐	☐	☐	☐	☐	☐	☐	☐	☐	☐	☐	☐	☐	ein Lied singen
☐	☐	☐	☐	☐	☐	☐	☐	☐	☐	☐	☐	☐	eine Postkarte schreiben
☐	☐	☐	☐	☐	☐	☐	☐	☐	☐	☐	☐	☐	ein Nickerchen machen
☐	☐	☐	☐	☐	☐	☐	☐	☐	☐	☐	☐	☐	sitzen & staunen
☐	☐	☐	☐	☐	☐	☐	☐	☐	☐	☐	☐	☐	ein Gespräch starten
☐	☐	☐	☐	☐	☐	☐	☐	☐	☐	☐	☐	☐	küssen
☐	☐	☐	☐	☐	☐	☐	☐	☐	☐	☐	☐	☐	-------------

Erleb was beim Essen!

☐ Probier ein neues Getränk. Oder denk dir gleich selbst eins aus. Wie wäre es zum Beispiel mit Bonbon-Zwiebel-Schorle?

☐ Tischdeckenkunst: Leg eine weiße Papiertischdecke auf den Tisch. Servier dann ein möglichst farbenfrohes Essen mit reichlich Kleckerpotenzial. Die Spuren der Mahlzeit auf der Decke sind dein Tischdecken-Kunstwerk.

☐ Lass dir diese Lebensmittel im Munde zergehen, ohne zu kauen. (Nacheinander oder alles gleichzeitig, ganz wie du willst.)

- ☐ Stück Schokolade
- ☐ Erdbeere
- ☐ Stückchen Möhre
- ☐ etwas Zwiebel
- ☐ ein paar Erbsen
- ☐ ein Gummibärchen

☐ Beiß mal in eine Chilischote und erleb, wie sich das anfühlt.

☐ Iss einen Tag lang nur Lebensmittel, die die gleiche Farbe haben.

☐ Mach dir eine Liste mit Lebensmitteln, die dich glücklich machen.

☐ Iss einen Tag lang dein ganzes Essen püriert.

☐ Freunde dich mit einem Lebensmittel an, das du bisher vernachlässigt hast.

☐ Iss dein Essen, ohne die Hände zu benutzen.

☐ Probier mal, eine Suppe mit den Fingern zu essen.

☐ Versuch, ein schmackhaftes Gemüseeis herzustellen.

Mach was mit deiner Kleidung!

☐ Stell ein Kleidungsstück selbst her und trag es auch.

☐ Trag einen Tag lang alle Kleidungsstücke auf links.

Fall aus dem Rahmen.

→ ☐ Im Festkleid ins Büro.

→ ☐ Im Jogginganzug in die Oper.

☐ Verkleide dich mal, wenn kein Karneval ist.

☐ Reparier ein kaputtes Kleidungsstück, anstatt es zu entsorgen.

☐ Organisier mit deinen Freunden eine Klamotten-Tauschparty.

☐ Hab Spaß mit Mustern. Streifen zu Blümchen zu Karos. Alles ist erlaubt.

☐ Schenk deinen ausrangierten Lieblingsstücken neues Leben: z.B. als Kissen, Tasche oder Patchworkdecke.

☐ Zieh eine Woche lang nur Kleidung in einer einzigen Farbe an. (Für Fortgeschrittene: jeden Tag eine andere Farbe.)

☐ Erfinde ein Kleidungsstück, das Lärm macht. Wie könnte es aussehen?

☐ Kleide dich so, dass deine Mitmenschen bei deinem Anblick gute Laune bekommen.

Verbring Zeit mit deinen Freunden!

☐ Feiert eure Freundschaft mit einem großen spontanen Fest.

☐ Geht Minigolf spielen.

☐ Geht picknicken.
Im Park.
Im Sommer.
Nachts.

☐ Lern mal alle Leute wirklich kennen, mit denen du online befreundet bist.

☐ Führt doch mal wieder ein Poesiealbum. (Freundebuch oder Briefheft geht natürlich auch.)

☐ Wenn du traurig bist: triff deinen lustigsten Freund oder deine lustigste Freundin und verbringt einfach Zeit miteinander.

☐ Macht eine Schnitzeljagd durch die Stadt oder den Wald.

☐ Mietet das lustigste Tretboot und dreht darin eine Runde auf dem See.

☐ Gründet einen Verein.

☐ Triff an einem Tag so viele Freunde wie möglich.

☐ Haltet den Moment fest. Macht spontan Automatenfotos.

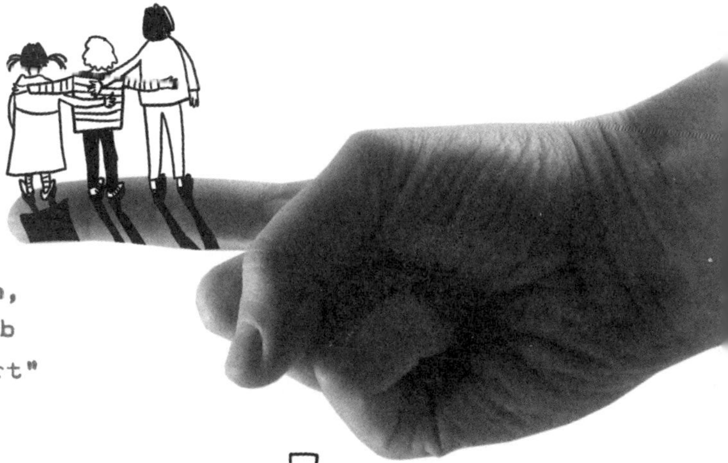

☐ Guckt einen Film, stellt den Ton ab und "synchronisiert" ihn selbst.

☐ Veranstaltet gemeinsam einen Flohmarkt oder eine Tauschparty. Für Bücher, Krempel, Klamotten oder verrückte Ideen.

Untersuch die Zeit!

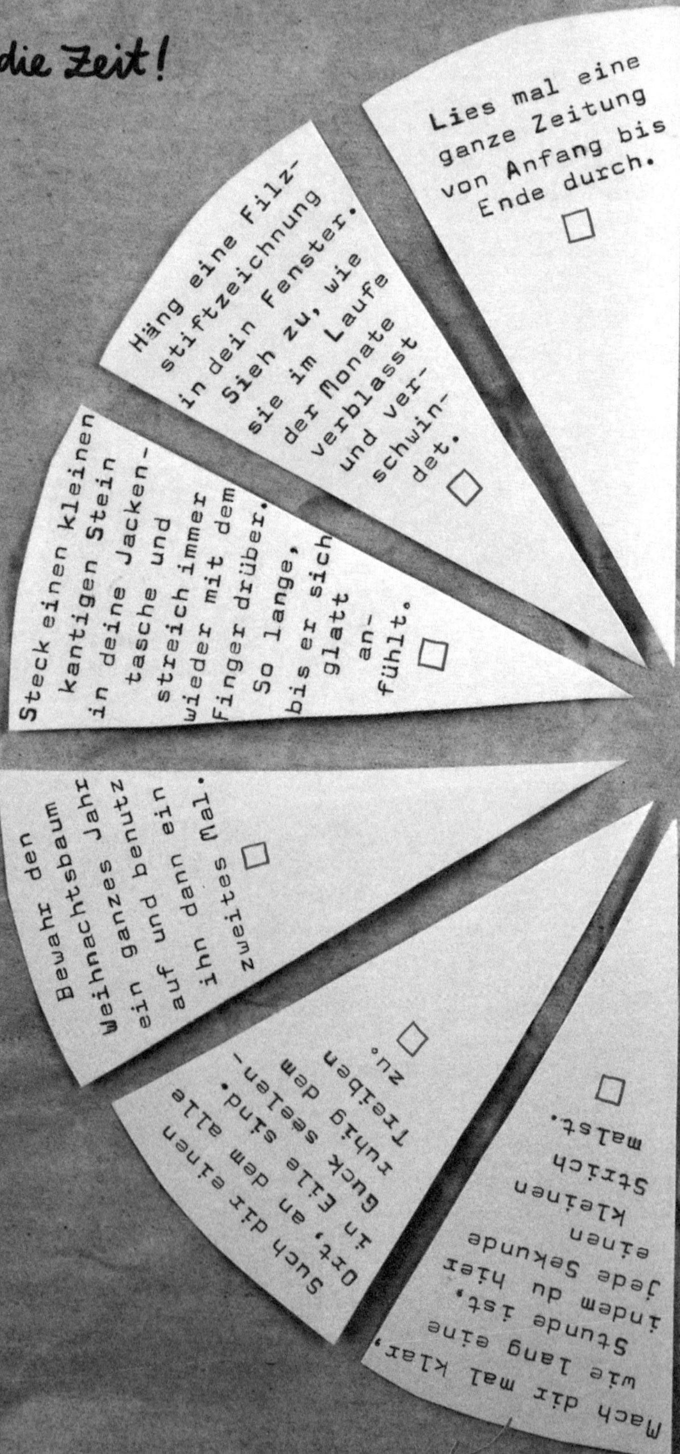

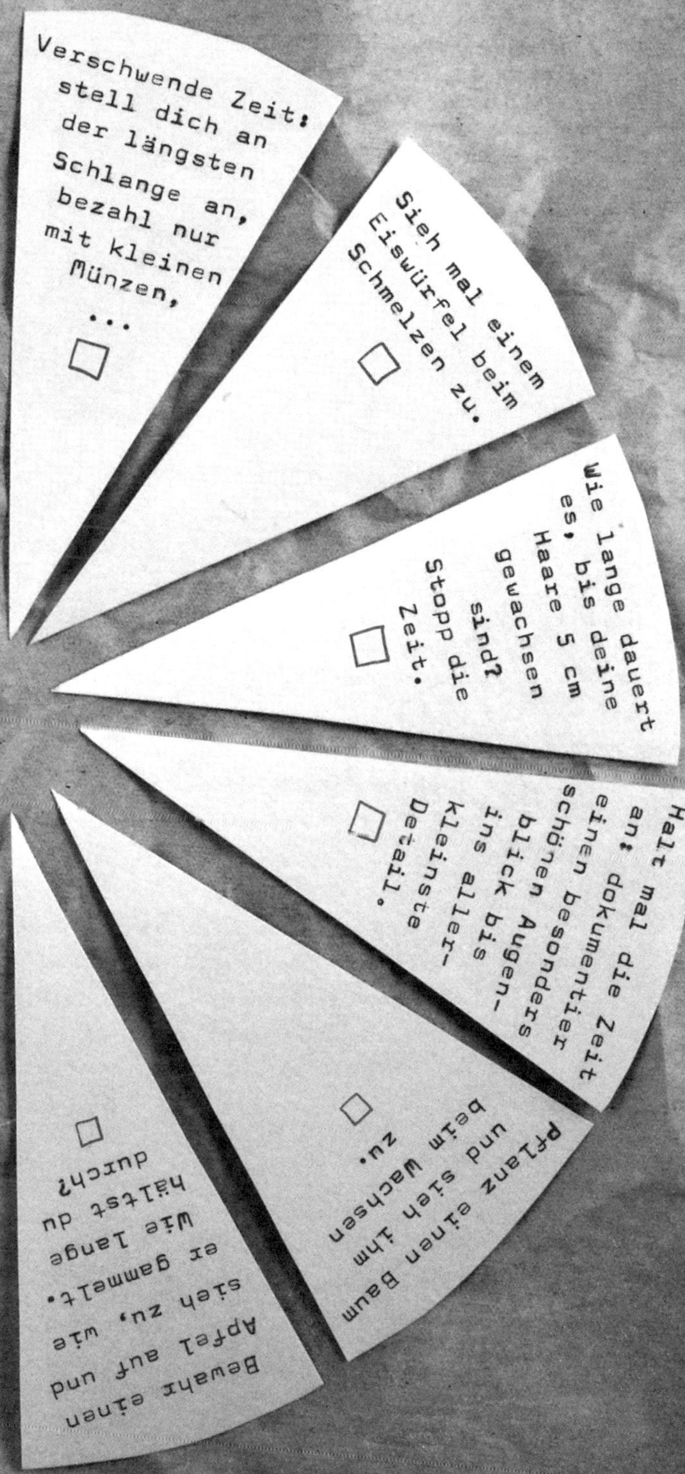
Verschwende Zeit: stell dich an der längsten Schlange an, bezahl nur mit kleinen Münzen, ...
Sieh mal einem Eiswürfel beim Schmelzen zu.
Wie lange dauert es, bis deine Haare 5 cm gewachsen sind? Stopp die Zeit.
Halt mal die Zeit an: dokumentier einen besonders schönen Augenblick bis ins allerkleinste Detail.
Pflanz einen Baum und sieh ihm beim Wachsen zu.
Bewahr einen Apfel auf und sieh zu, wie er gammelt. Wie lange hältst du durch?

☐ Schreib Briefe an alle, denen du etwas zu sagen hast.

☐ Verschick mal ein wundervolles Überraschungspaket an jemanden, der eine Aufmunterung gebrauchen kann.

☐ Beantworte eine Woche lang jede E-Mail per Postkarte (oder Klebezettel).

☐ Schreib mal einen richtig netten Fanbrief an dein Idol und warte ab, ob du Antwort bekommst.

☐ Starte eine Brieffreundschaft.

☐ Benutzt immer wieder den gleichen Briefumschlag. Wie oft schafft ihr es? Führ hier Strichliste.

☐ Benutz ungewöhnliche Materialien als Briefumschlag und Paketverpackung. Z.B. ein Stück Blech oder einen leeren Waschmittelkarton.

☐ Spiel LAUTE POST: pack und verschick mal ein Paket, das so richtig Lärm macht.

☐ Verschick einfach mal zwischendurch bunte Postkartengrüße. Wer viel schreibt, bekommt viele Briefe zurück.

☐ Gestalte jeden Briefumschlag so, dass der Empfänger davon gute Laune bekommt.

Experimentier mit dem Wetter!

☐ Erschaff ein kleines Kunstwerk, das in der Sonne schmilzt.

☐ Lass dir vom Regen helfen: Mal mit Wasserfarben ein Aquarell und benutz dafür das Regenwasser.

☐ Lass dir vom Wind ein Bild zeichnen. Geht natürlich besonders gut ab Windstärke 7.

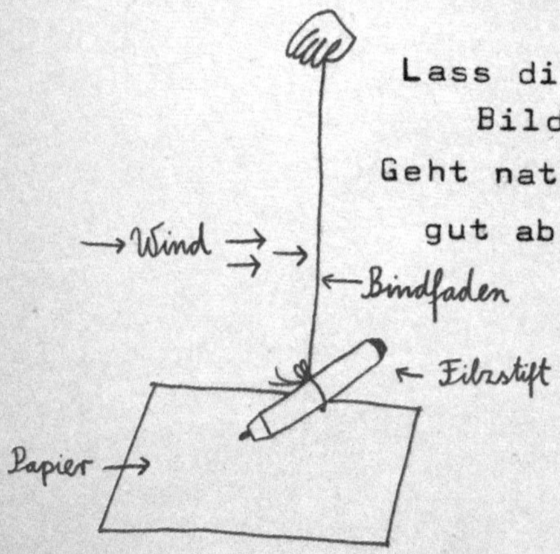

☐ Mach dir ein Sonnentattoo: Kleb dir ein herz- oder andersförmiges Pflaster auf den Arm, bevor du Sonnencreme benutzt. Wiederhole es so oft, bis man den Abdruck auf dem Arm erkennen kann.

☐ Halt Ausschau nach Wolken, die aussehen wie Tiere, Buchstaben oder Gegenstände.

☐ Erschaff ein kleines Kunstwerk, das den nächsten Regen nicht übersteht. (Z.B. aus Kreide, Rasierschaum, Schlagsahne ...)

☐ Erzeug einen Regenbogen (und halt ihn in Fotos fest).

☐ Stell dich mit einer Tasse in den Regen, sammle Regenwasser, bis die Tasse voll ist, und koch dir damit einen Tee.

Sei ein Bücherwurm!

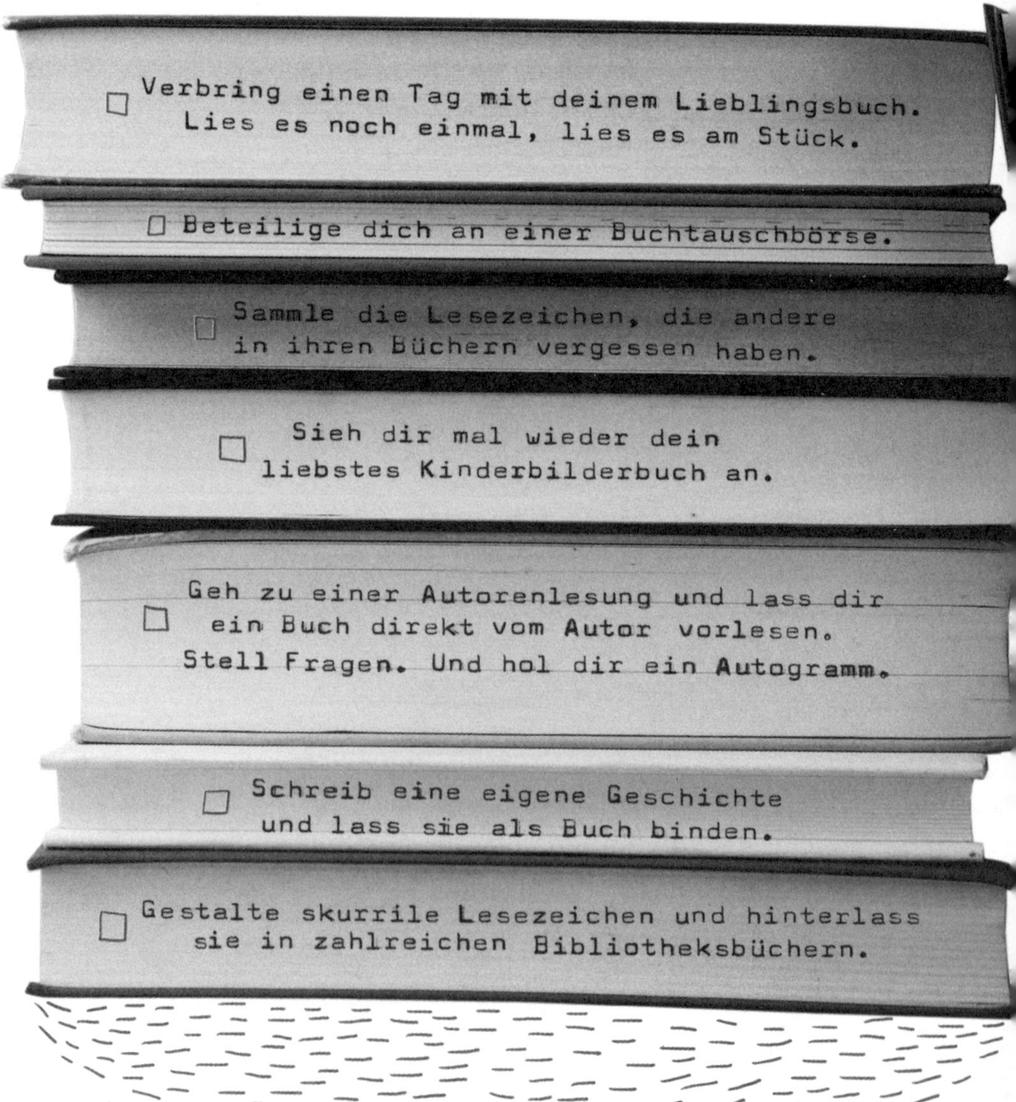

☐ Lies mal ein Buch, von dem dir alle abgeraten haben. Mach dir dein eigenes Bild davon.
☐ Triff einen Freund oder eine Freundin und lest euch gegenseitig aus euren Lieblingsbüchern vor.
☐ Liste alle Bücher auf, die du lesen möchtest. Und dann fang gleich mit dem ersten an!

Mach was mit Wasser!

- [ ] Trink Wasser direkt aus der Quelle.

- [ ] Trink ausreichend Wasser. Das ist gesund.

- [ ] Leg dich im Wasser auf den Rücken und lass dich einfach treiben.

- [ ] Setz dich ans Wasser und hör zu, was es dir erzählt.

- [ ] Bau dir ein Floß oder ein Boot und schipper damit auf dem Teich herum.

☐ Mach einen langen Spaziergang durch den Regen und werd nass bis auf die Haut.

☐ Steh ganz früh auf und probier mal, wie der Morgentau schmeckt.

☐ Geh schnorcheln.

☐ Fotografier interessante Spiegelungen in Regenpfützen.

☐ Wie schmeckt eigentlich Meerwasser? Probier mal einen kleinen Schluck.

Mach was mit Farben!

☐

Liste alle deine Lieblingsfarben auf und notier, warum du sie so magst.

☐

Freunde dich mit einer Farbe an, die du bisher ganz furchtbar fandest. Notier, wie ihr Freundschaft geschlossen habt.

☐ Sag mal etwas derart Peinliches, dass du so richtig rot im Gesicht wirst.

☐ Lies eine echte Zeitung. So lange, bis deine Finger dreckig sind von der Druckerschwärze.

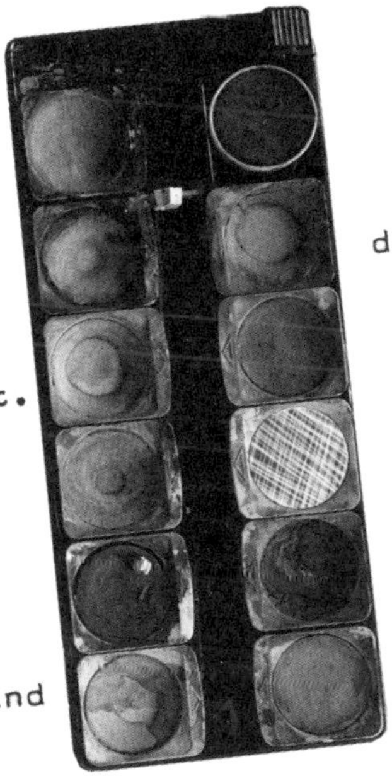

☐ Färb dir doch die Haare bunt.

☐ Streich eine Wand in deiner Lieblingsfarbe. Oder häng unzählige Lieblingsfarbenbilder auf.

☐ Sortier alle Bücher in deinem Regal nach Farben.

☐ Koch dir eine Regenbogenmahlzeit: Jede Farbe muss vertreten sein.

Erforsch deine Träume!

☐ Führ ein Traumtagebuch: notier auch die kleinsten Details, an die du dich erinnern kannst. Du kannst dein Traumtagebuch später gut als Inspirationsquelle für kreative Projekte benutzen.

☐ Realisier mal einen Traum. Lass auf irgendeine Weise etwas aus deinen Träumen wahr werden.

☐ Notier deinen schönsten Traum aller Zeiten:

☐ Wovon träumst du am häufigsten?

☐ Versuch herauszufinden, was deine Träume bedeuten könnten.

☐ Träumst du in Farbe oder in Schwarz-Weiß? Achte mal drauf.

☐ Lern, deine Träume zu steuern. Recherchier dazu "luzides Träumen".

☐ Frag jeden, den du heute triffst, was er in der letzten Nacht geträumt hat.

☐ Bau oder zeichne etwas nach, das du in einem Traum gesehen hast.

Mach was mit dem Mund!

☐ Welche Geräusche kannst du mit deinem Mund machen? Liste sie auf:

☐ Lern beatboxen.

☐ Bring dir einen anderen Akzent bei und teste ihn dann beim Brötchenholen.

☐

Sing mal laut
in der U-Bahn.

☐

KÜSSEN! Wieder küssen.
Und danach noch ein
bisschen mehr küssen.

☐

Jag dein Echo.
Wo kannst du es finden?
Versuch's mal in Kirchen,
Tunneln, ...

☐

Mal hier ein
Selbstporträt.
Halt den Stift
mit dem Mund.

☐

Leg dir ein paar
Sätze zurecht, stell
dich in die
Fußgängerzone und
halte eine Rede.

☐

Lern, auf zwei Fingern
zu pfeifen.

Erleb den Frühling!

☐ Bepflanze Garten, Balkon oder falls du nichts davon hast: die Fensterbank.

☐ Guck dir Tierbabys an. Zum Beispiel im Zoo.

☐ Entrümpele deine Wohnung und mach Platz für den Frühling.

☐ Pack die Winter sachen weg.

☐ Verlieb dich ins Leben.

☐ Finde und feiere die erste Pflanze, die aus dem Boden sprießt.

Fundort: ______________

So sieht sie aus. (NICHT pflücken, zeichnen!)

- [ ] Schreib eine Liste mit allem, was du diesen Frühling machen willst. Hefte sie hier an.
- [ ] Zieh dein eigenes Gemüse.
- [ ] Tanz in den Mai. Und falls es dir Spaß macht: tanz auch in den Juni.
- [ ] Verstreu überall Blumensamen.
- [ ] Schlag dir den Bauch mit frischem Obst und Gemüse voll, um die Wintermüdigkeit zu vertreiben.
- [ ] Atme den ersten Frühlingsduft tief ein.

Mach was im Sommer!

☐ Verirr dich in einem Maisfeld.

☐ Genieß einen Spaziergang durch den Sommerregen.

☐ Stell dir eigenes Eis aus selbst gepflückten Früchten her.

☐ Geh den ganzen Tag barfuß.

☐ Verbring einen ganzen Tag an der frischen Luft.

☐ Schlaf unterm Sternenhimmel.

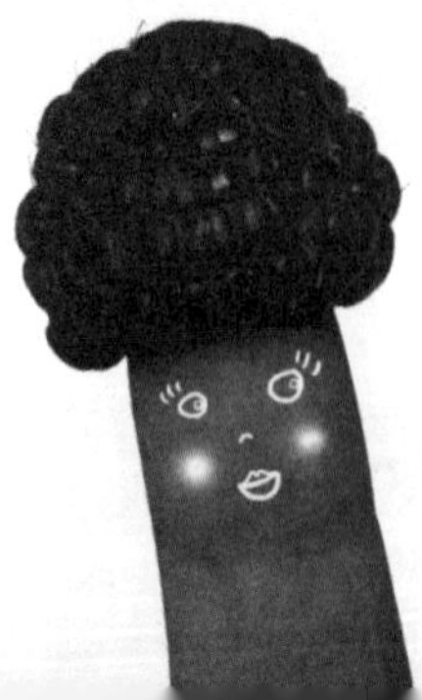

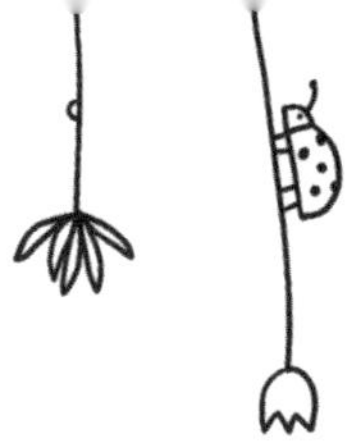

☐ Leg dich einfach mal auf die Wiese und hör dem Gras beim Wachsen zu.

☐ Kühl deine Füße im Springbrunnen.

☐ Picknicke an einem ungewöhnlichen Ort.

☐ Bind dir einen Blumenkranz aus Gänseblümchen.

☐ Bleib die ganze Nacht wach und schau dir den Sonnenaufgang an.

☐ Schlaf mit offenem Fenster und steh mit den Vögeln auf.

☐ Pflück Erdbeeren und koch deine eigene Marmelade.

Mach was im

☐ Bau dir einen Drachen und lass ihn steigen.

☐ Pflück Äpfel, back einen Kuchen draus und iss ihn, solange er warm ist.

Finde Pilze im Wald. (Aber lass sie weiterwachsen.)

☐ Mach einen Spaziergang im Nebel.

☐ Mach dir gemütliche Teestunden bei Kerzenlicht.

☐ Spring in einen Laubhaufen. Mit Anlauf.

☐
Bewahr hier das erste Blatt auf, das vom Baum vor deine Füße fällt.

☐
Bau dir eine Laterne und schließ dich einem Laternenumzug an.

Schnitz dir aus einem Kürbis eine Halloween-Laterne. Koch dir aus den Resten eine leckere Kürbissuppe.

☐
Hilf bei der Obsternte auf einem Bauernhof.

☐
Genieß einen Waldspaziergang im bunten Blätterlaub.

Wintererlebnisse

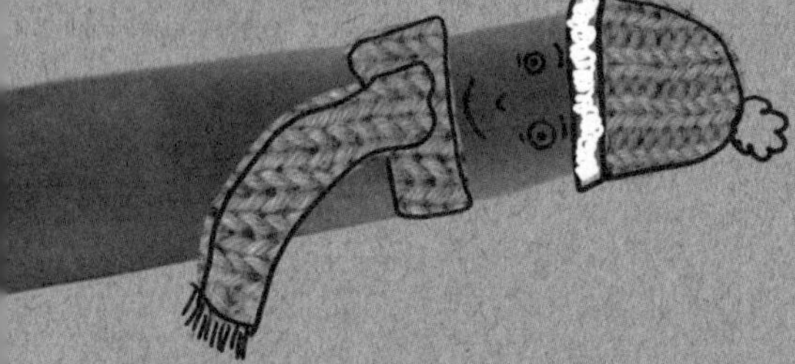

☐ Strick dir einen richtig langen Schal.

☐ Oder warme Socken.

☐ Oder beides.

☐ Schmück einen Baum an einem öffentlichen Ort zum Weihnachtsbaum.

☐ Leg deine eigene Eisbahn in deinem Garten an.

☐ Geh Schlittschuh laufen.

☐ Probier mal, wie frischer Schnee schmeckt.

☐ Starte eine Schneeballschlacht.

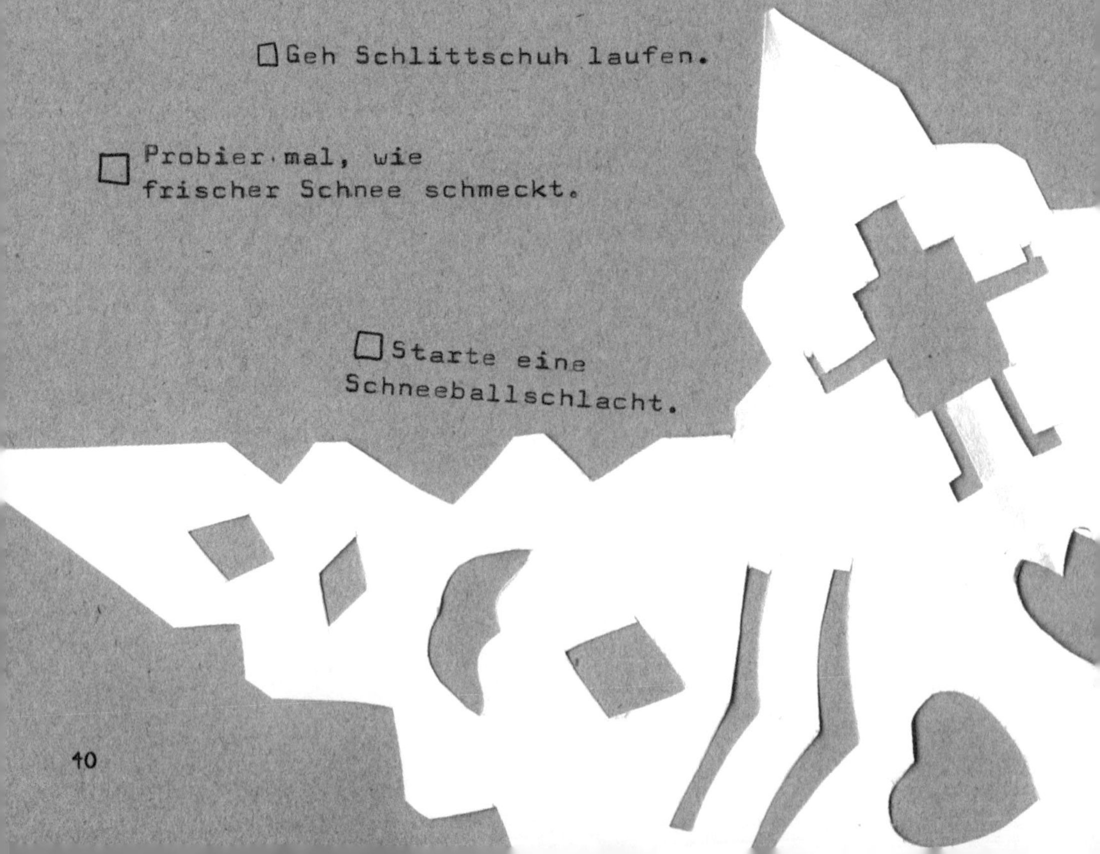

☐ Frier in der Kühltruhe einen kleinen Schneemann ein, um ihm den Sommer zu zeigen.

☐ Iss draußen ein Eis, wenn es so richtig klirrend kalt ist und guck mal, wie sich das anfühlt.

☐ Bau einen Schneemann.

☐ Oder noch besser: ein Iglu.

☐ Ein ganz besonderer Kakao: Mach einen langen Spaziergang durch die Kälte, mindestens 3 Stunden. Wärm dich danach an einem heißen Kakao mit Sahne wieder auf.

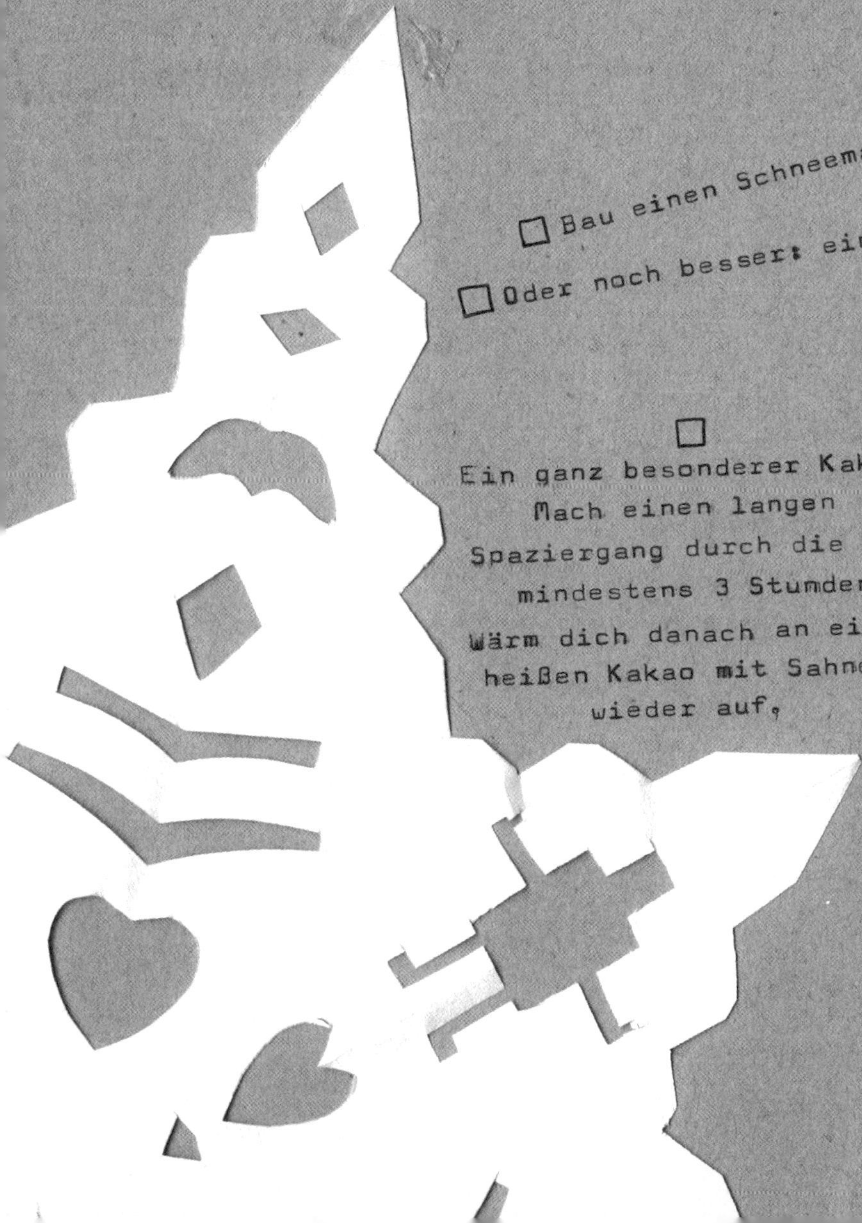

Munkel im Dunkeln!

☐ Mach eine Nachtwanderung. (Im Wald)

☐ Betrachte die Sterne durch ein Teleskop.

☐ Iss mal im Dunkeln. Kochen kannst du natürlich im Hellen, aber gegessen wird dann im Stockdunkeln oder mit verbundenen Augen. Schmeckt es anders als sonst?

☐ Entdecke deine Wohnung mit geschlossenen Augen neu.

☐ Lass dir eine unheimliche Geschichte vorlesen.

☐ Zeichne etwas.
Zum Beispiel ein
Selbstporträt
und freu dich
hinterher drüber.

☐ Such nach Glühwürmchen.

☐ Lass dir eine
Gruselgänsehaut
erzeugen.

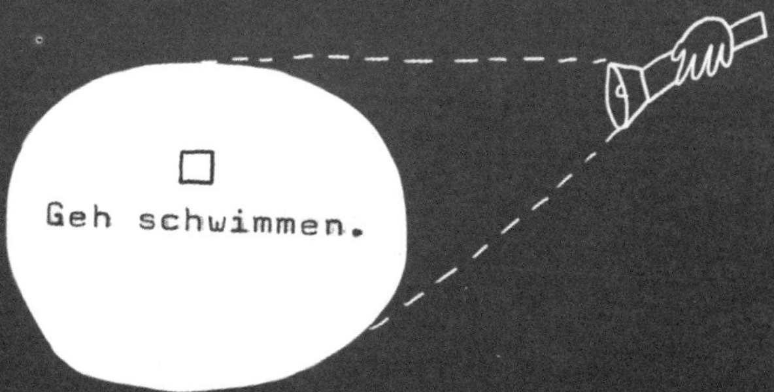

☐ Zähl die Sternschnuppen.
Geht besonders gut im Spätsommer.

Mach was mit Leuten, die du (noch) gar nicht kennst!

- [ ] Bitte Fremde darum, kurz den ersten Eindruck zu notieren, den sie von dir haben.

Geh mit Leuten, die du noch nicht so richtig gut kennst, einen Kaffee trinken. Oder einen Tee.
Notier ein paar Details zu jedem Treffen.

Lern noch mehr neue Leute kennen!

- [ ] Biete bei Regen an der Ampel einem Fremden Schirmasyl an.

- [ ] Oder bitte selbst um Schirmasyl.

- [ ] Mach einem Fremden Komplimente.

- [ ] Geh mal zu einem Blind Date. Oder antworte auf eine Kontaktanzeige.

- [ ] Sprich auf einer Party, auf der du niemanden kennst, JEDEN an und merke dir ALLE Namen.

- [ ] Frag jemanden, der verzweifelt mit einem Stadtplan herumhantiert, ob du ihm behilflich sein kannst.

☐ Hol dir mal ein paar Autogramme.

jemand mit einem kleinen Hund

jemand, der auf einer Parkbank sitzt und so aussieht, als könnte er Gesellschaft brauchen

jemand in einem roten Mantel oder Pullover

ein Busfahrer

ein Nachbar

jemand, der sportlich aussieht

jemand, den du dich bisher nicht anzusprechen getraut hast

jemand, der auf den Bus wartet

Entdecke die Langsamkeit!

Finde eine Schnecke.
Setz sie an den Startpunkt und guck zu,
wie sie loskriecht. Schau nicht auf die Uhr.
Leg ihr ein Salatblatt hin, falls sie
Hunger bekommt.

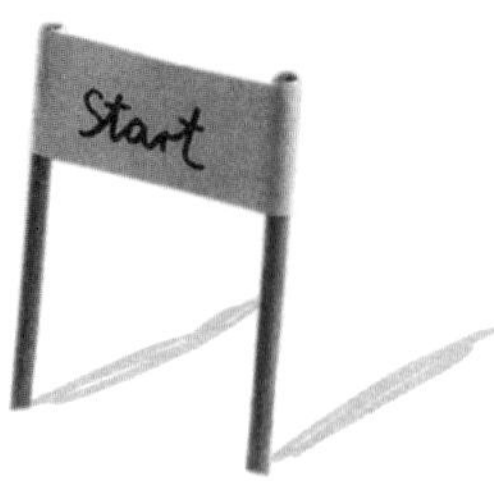

Genug davon? Lass sie wieder frei!

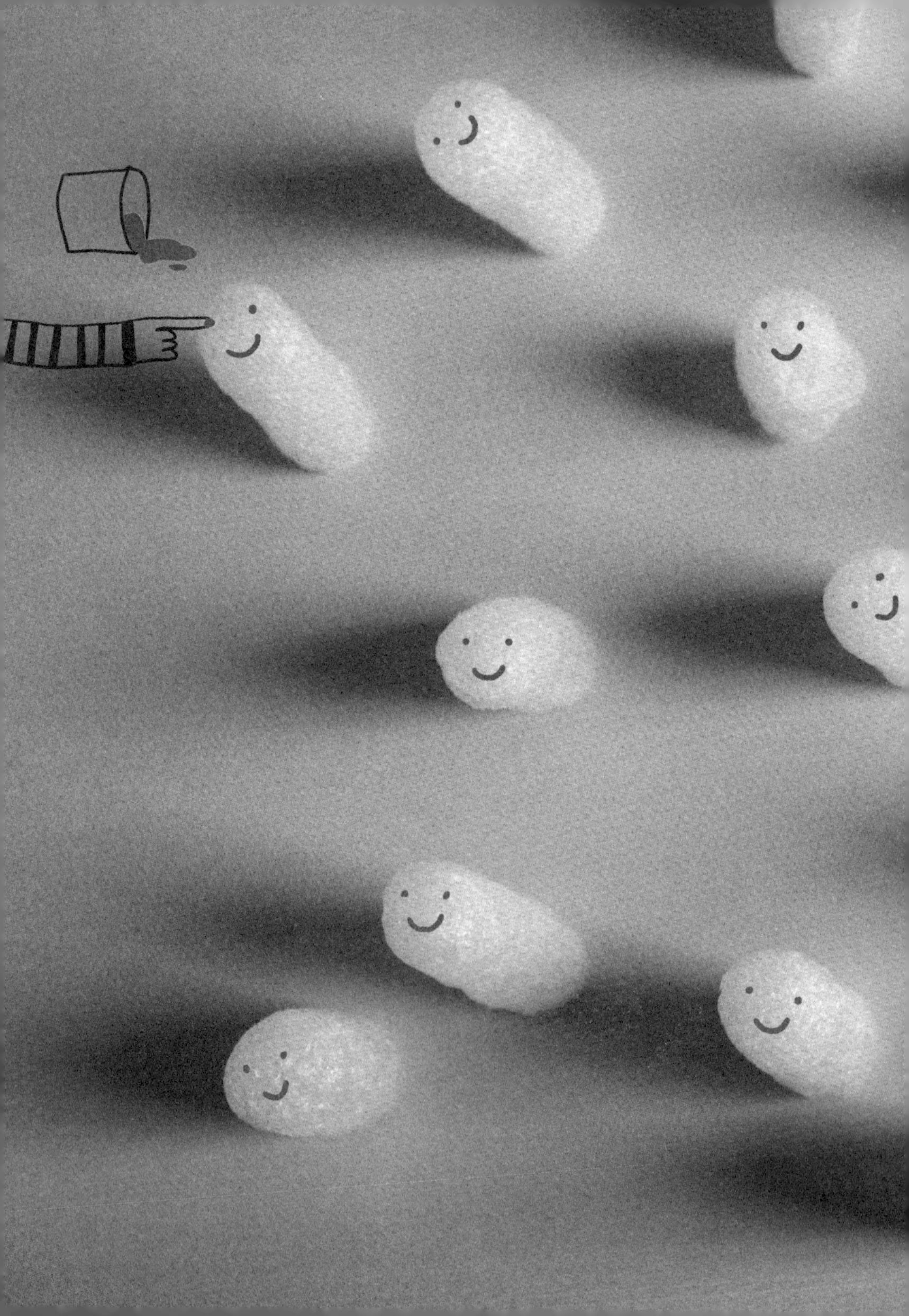

Spielen

Stell dich diesen Herausforderungen!

Notiere deine Erfahrungen und Erlebnisse.

Ein Tag ohne SPRECHEN.

(Zeichne alles, was du sagen willst. Wie könntest du dich noch ausdrücken?)

Ein Tag ohne HÖREN.

(Trag Ohrstöpsel oder Kopfhörer.)

Ein Tag ohne FÜHLEN.

(Zieh dir dicke Fausthandschuhe an & trag sie bei allem, was du tust.)

Ein Tag ohne GELD.

(Lass dich einladen, schnorr dir was ...)

Stell dich auch diesen Herausforderungen!

- [ ] Eine Woche ohne INTERNET. Ja, wirklich!

- [ ] Eine Woche ohne NASCHEN.

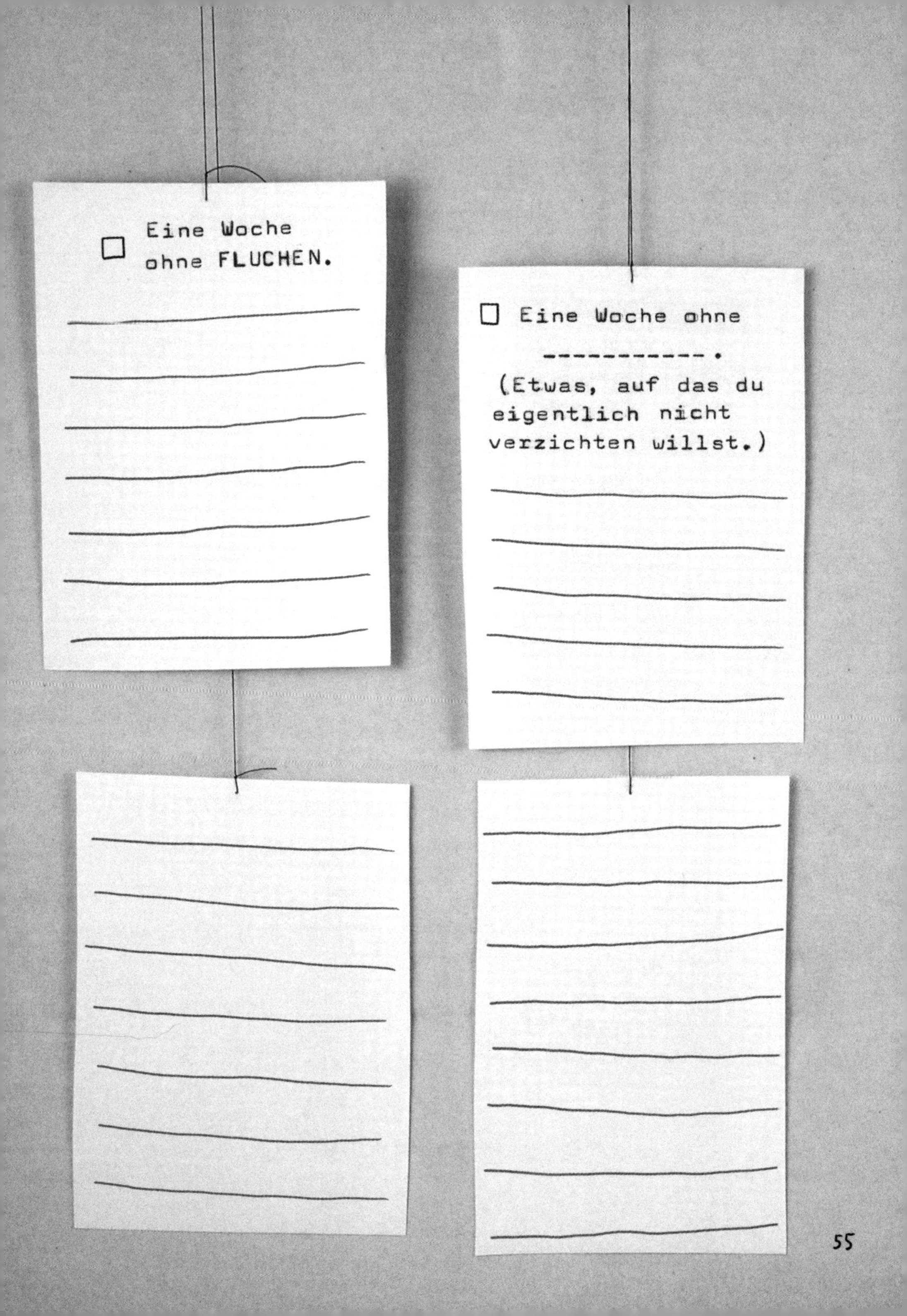
☐ Eine Woche
ohne FLUCHEN.
☐ Eine Woche ohne
-----------.
(Etwas, auf das du
eigentlich nicht
verzichten willst.)

Nimm's wörtlich!

☐ Beiß in den sauren Apfel.

☐ Tauch ab.

☐ Schwimm gegen den Strom.

☐ Spring über deinen Schatten.

☐ Spiel mit offenen Karten.

☐ Wasch jemandem den Kopf.

☐ Wirf das Handtuch.

☐ Lass dir den Bauch pinseln.

☐ Such die Nadel im Heuhaufen.

☐ Geh in die Luft.

☐ Such das Haar in der Suppe.

☐ Streu dir Asche aufs Haupt.

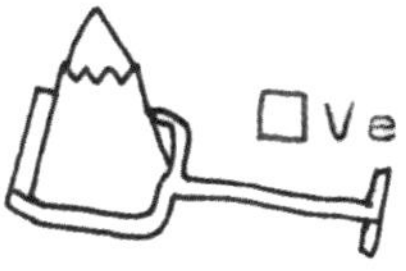

☐ Versetz Berge.

☐ Mach ein Fass auf.

☐ Tritt in jemandes Fußstapfen.

☐ Leg etwas auf die hohe Kante.

☐ Bind jemandem einen Bären auf.

☐ Trag eine Eule nach Athen.

☐ Schieb eine ruhige Kugel.

☐ Finde den roten Faden.

Mach ein etwas anderes Selbstporträt!

Drück möglichst viele deiner Körperteile auf ein Stempelkissen und mach hier einen Abdruck, umzeichne deine Finger mit einem Stift, kleb Wimpern und Haare auf ...

Gib die Kontrolle aus der Hand!

☐ Sag JA zum Chaos.

☐ Lass dich mal von einem Kind schminken, bevor du das Haus verlässt.

☐ Stell dich beim Friseur als Modell für Test-Haarschnitte zur Verfügung. Oder: Bitte einen Freund, dir die Haare zu schneiden.

☐ Verarbeite deine To-do-Liste zu Konfetti und verstreu sie in alle Winde.

☐ "Was soll ich essen? Welchen Film soll ich ansehen? Welchen Weg soll ich nehmen?" Frag bei allen diesen Entscheidungen jemand anderen um Rat und halt dich dran.

☐ Lass dich mal von jemand anderem anziehen.

☐ Tausch für ein paar Tage die Kalender mit jemand anderem.

☐ Plane für eine Woche gar nichts und lass einfach alles auf dich zukommen.

☐ Lass für eine Weile (oder für immer) ein Kleinkind bei dir wohnen.

Mach mal die Welt ein klitzekleines bisschen besser!

☐ Spiel Karma-Bingo*

ein Hindernis aus dem Weg räumen	bis zum Ende zuhören	ehrenamtlich arbeiten	ein Tier retten	jemandem verzeihen
für jemanden in die Bresche springen	jemandem den Vortritt lassen	freundlich sein zu einem Miesepeter	den Pfandbon verschenken	Blut spenden
einem Kind etwas vorlesen	Geld spenden	etwas tun, bevor du darum gebeten wirst	nett zurücklächeln	jemanden gewinnen lassen
jemandem die schwere Tasche nach Hause tragen	umsonst babysitten	dem Nachbarn was vom Einkaufen mitbringen	jemandem die Tür aufhalten	den Müll trennen
bei einem Umzug helfen	jemandem einen Kaffee spendieren	anderer Leute Müll einsammeln und entsorgen	einem Kranken leckeres Essen bringen	ein Kind zum Lachen bringen

* Jede gute Tat, die du erledigt hast, darfst du auf dem Spielplan abhaken. Du hast gewonnen, wenn du alle Felder abgehakt hast.

Noch mehr spielen? → Kopiere den Spielplan, gib ihn einem Freund und spielt gegeneinander.

☐ Gestalte einen Abreißzettel, der anderen gute Laune macht & kleb ihn an die Ampeln in deiner Stadt.

Zeichne diese Geräusche!

Quietsch

Surr

Knurr

Zisch

Poch

Taps

Schepper

Jaul

Grunz

Boing

Kratz

Ping

Pieps

Klirr

Raschel

Mach mal Quatsch!

☐ Pinkel deinen Namen in den Schnee.

☐ Mogel dich an einer Touristenattraktion auf möglichst viele Urlaubsfotos von anderen.

☐ Üb an öffentlichen Orten ausdrucksvoll auf deiner Luftgitarre.

☐ Angel mit einem Magneten im Gulli nach Schätzen.

☐ Frühstücke einen Clown.

☐ Bepflanze ein Möbelstück mit Kresse: Beleg es mit Taschentüchern, streu Kressesamen drüber. Jetzt ordentlich gießen und abwarten.

☐ Geh einen ganzen Tag lang so viel wie möglich RÜCKWÄRTS.

☐ Tu so, als seist du ein Promi und verteil Autogramme.

☐ Stell dich auf ein Podest im Park und spiel Denkmal.

☐ Schüttle jeder Straßenlaterne die Hand.

☐ Lerne, möglichst effektiv eine Krankheit zu simulieren.

Tu, was die Musik dir sagt!

Hör dir deine Lieblingssongs an und such in den Texten nach Aufforderungen. Befolge sie.

Sei jemand anders!

Jetzt kannst du mal jemand anders sein. Wer möchtest du sein? Vielleicht dein Lieblingscharakter aus einem Buch? Eine Comicfigur? Ganz jemand anders? Tob dich aus!

Wer möchtest du sein?

Warum?

So siehst du dann aus:

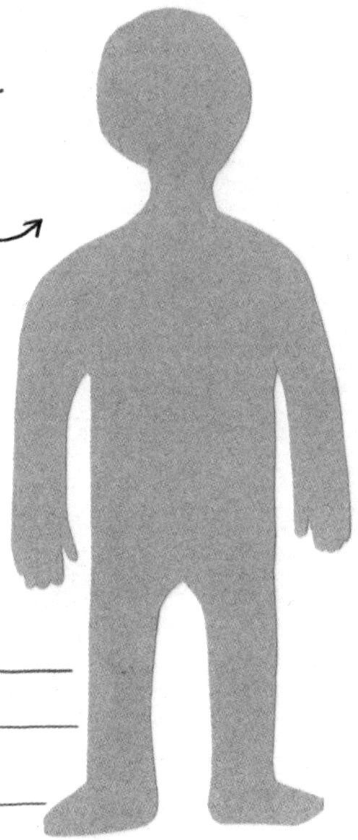

Deine (Ver-)Kleidung:

Besonderheiten deines anderen Ichs:

Jetzt verlass das Haus und berichte
☐ anschließend von deinen Erlebnissen und
wie es sich angefühlt hat,
jemand anders zu sein.

Starte ein Jahresprojekt!

Zeichne jeden Tag einen Punkt in der Farbe

☐ des Himmels ☐ deiner Laune ☐ _________

					1	2	3	4	5	6	7	8	9
10	11	12	13	14	15	16	17	18	19	20	21	22	23
24	25	26	27	28	29	30	31	32	33	34	35	36	37
38	39	40	41	42	43	44	45	46	47	48	49	50	51
52	53	54	55	56	57	58	59	60	61	62	63	64	65
66	67	68	69	70	71	72	73	74	75	76	77	78	79
80	81	82	83	84	85	86	87	88	89	90	91	92	93
94	95	96	97	98	99	100	101	102	103	104	105	106	107
108	109	110	111	112	113	114	115	116	117	118	119	120	121
122	123	124	125	126	127	128	129	130	131	132	133	134	135
136	137	138	139	140	141	142	143	144	145	146	147	148	149
150	151	152	153	154	155	156	157	158	159	160	161	162	163
164	165	166	167	168	169	170	171	172	173	174	175	176	177
178	179	180	181	182	183	184	185	186	187	188	189	190	191

192 193 194 195 196 197 198 199 200 201 202 203 204 205

206 207 208 209 210 211 212 213 214 215 216 217 218 219

220 221 222 223 224 225 226 227 228 229 230 231 232 233

234 235 236 237 238 239 240 241 242 243 244 245 246 247

248 249 250 251 252 253 254 255 256 257 258 259 260 261

262 263 264 265 266 267 268 269 270 271 272 273 274 275

276 277 278 279 280 281 282 283 284 285 286 287 288 289

290 291 292 293 294 295 296 297 298 299 300 301 302 303

304 305 306 307 308 309 310 311 312 313 314 315 316 317

318 319 320 321 322 323 324 325 326 327 328 329 330 331

332 333 334 335 336 337 338 339 340 341 342 343 344 345

346 347 348 349 350 351 352 353 354 355 356 357 358 359

360 361 362 363 364 365

Sei noch mal ein Kind!

☐ Lass dir von jemandem die Kleidung für den nächsten Tag herauslegen. (Und trag sie dann auch wirklich!)

☐ Bau dir eine Höhle mit Kissen, Decken und Stühlen.

☐ Geh bei einem Laternenumzug mit.

☐ Iss Sachen, die du als Kind geliebt hast.

☐ Spiel mit jemandem Verstecken.

☐ Frag jemanden, wann du wieder daheim sein sollst. Halt dich nicht daran.

- [ ] Lies heimlich unter der Bettdecke ein Buch. Mit einer Taschenlampe.

- [ ] Stopf dir alle Gummibärchen auf einmal in den Mund.

- [ ] Fahr Karussell.

Lutsch Brausebonbons.

- [ ] Lass dir eine Gutenachtgeschichte vorlesen.

- [ ] Veranstalte einen Riesenaufstand, wenn du deine Zähne putzen musst.

Erlebt ein Küchenabenteuer!

1. Find die verlorene Einkaufsliste einer fremden Person.
2. Besorg 3 der dort notierten Lebensmittel.
3. Entwickel ein Kochrezept auf Basis dieser Lebensmittel.

Für Fortgeschrittene: Besorg **ALLE** Dinge von der Liste und verwende sie.

Hier die gefundene Liste einkleben.

- Sahne, Creme Fr.
- Gemüse, Obst
- Hackfleisch!
- Toast, Brot
- Butter, Frischkäse
- Käse

Das Rezept

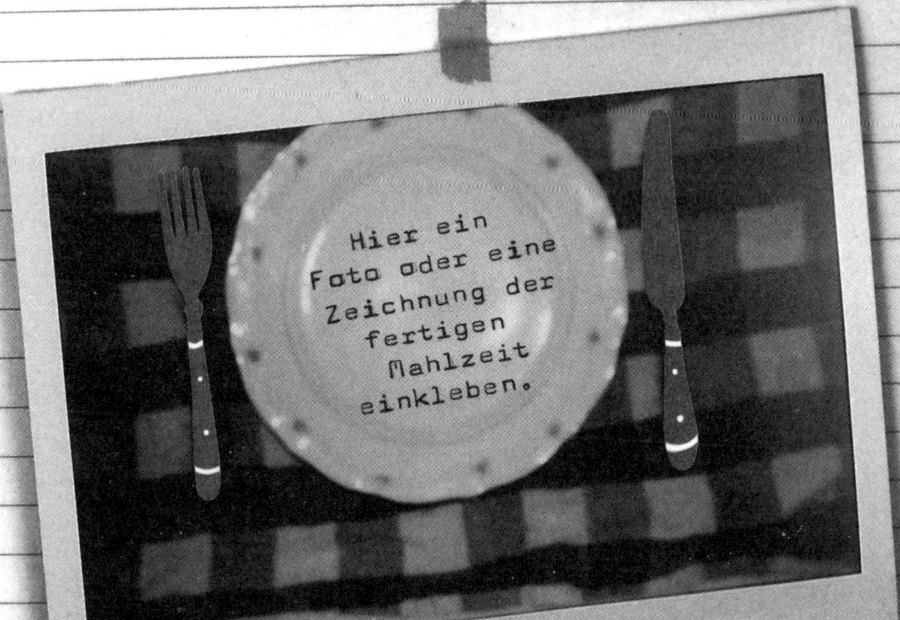
Hier ein Foto oder eine Zeichnung der fertigen Mahlzeit einkleben.

Spiel mit deinem Essen!

Klecker, stemple,
zeichne, beschreib ...
alle interessanten
Dinge, die du so im
Mund hattest.

Sei ein Forscher!

Geh den Dingen auf den Grund.

☐ Greif dir eine große Handvoll Erde aus dem Blumenbeet und guck sie dir ganz genau mit einer Lupe an. Oder noch besser: unter einem Mikroskop.

☐ Zeichne dich selbst. Falte die Zeichnung ganz klein zusammen und verstau sie in deiner Hosentasche, bevor du die Hose wäschst. Wie sieht dein Bild nach dem Waschen aus?

☐ Sieh dir den Sternenhimmel an. Such den hellsten Stern. Versuch herauszufinden, wie er heißt und wie weit er von dir entfernt ist.

☐ Zerleg ein defektes Uhrwerk oder ein größeres Gerät in alle seine Einzelteile.

☐ Tu mal so, als seist du zum allerersten Mal in deiner Stadt, umd sieh dir alles ganz genau an. Was hast du bisher übersehen?

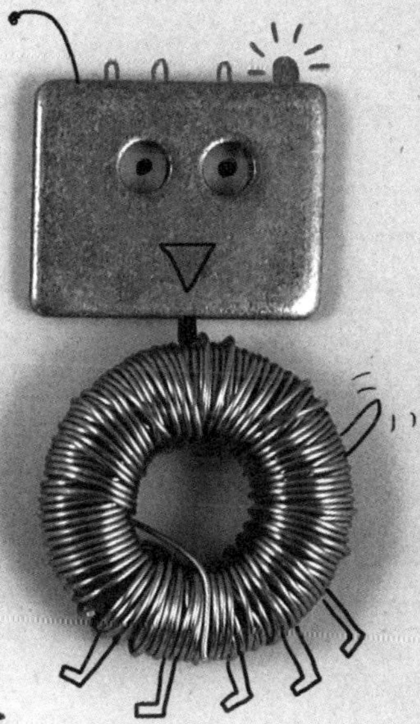

☐ Schnupper an allem. Welchen Geruch findest du ganz besonders ekelig? Finde heraus, warum du ihn nicht magst.

☐ Guck mal nach, was unter dichtem Moos so alles kribbelt und krabbelt.

☐ Finde heraus, wo genau diese Dinge hergestellt wurden: Geh dabei so weit ins Detail wie möglich.

- ☐ dein Handy
- ☐ dein Lieblingsshirt
- ☐ deine Schuhe.

Übersteh einen Tag ohne elektrischen Strom!

1. Stell den Hauptschalter deines Sicherungskastens aus.

2. Erleb einen ganzen Tag ohne Strom und Maschinenhilfe.

Unterwegs:

- ☐ Geh zu Fuß.
- ☐ Nimm die Treppe und nicht Rolltreppe oder Fahrstuhl.
- ☐ Nimm das Rad und nicht den Bus.
- ☐ Kauf auf dem Wochenmarkt ein anstatt im Supermarkt.

Zu Hause:

- ☐ Wasch deine Wäsche mit der Hand.
- ☐ Lies ein Buch bei Kerzenschein.
- ☐ Üb dich im Kopfrechnen.
- ☐ Keine E-Mails! Schreib stattdessen ein paar Briefe oder Postkarten.
- ☐ Kein Telefon! Unterhalt dich mit den Nachbarn oder mit den Leuten auf der Straße.
- ☐ Nicht mogeln: Benutz nicht das Handy.

Meine Erlebnisse

Mach alles ganz ANDERS als sonst!

☐ Steh mit dem anderen Fuß auf und steig mit dem anderen Fuß zuerst in deine Hose.

☐ Putz dir die Zähne mit der anderen Hand. Benutz auch sonst einfach die andere Hand für alles.

☐ Erledige das zuerst, worauf du am wenigsten Lust hast.

☐ Iss den Nachtisch zuerst.

☐ Hör mal Musik, die du sonst nicht hören magst.

☐ Zieh dein T-Shirt verkehrt herum an.

☐ Tu mal das morgens, was du normalerweise abends tust. Starte z.B. mit einem ausgiebigen Schaumbad in den Tag.

☐ Leb antizyklisch: Schlaf den ganzen Tag und verlass erst abends das Haus.

☐ Geh nach rechts, wenn du eigentlich nach links müsstest. Genieß den Umweg.

☐ Ändere eine Routine: Gewöhn dir eine schlechte Angewohnheit ab und ersetz sie durch eine gute.

Jagen & Sammeln

Sammle diese kleinen Gespräche
Die Begrüßung zweier alter Bekannter
Ein leicht peinlicher mitgehörter Dialog
Eine leidenschaftliche Verabschiedung

Ein Wurst-Theken-Gespräch
Ein klassischer Smalltalk
Ein Telefonat

Leg dir eine Sommerkonserve an! für kühlere Zeiten

Mach hier Fußabdrücke nach Barfußtagen, klecker mit deinem Lieblingseis, press Blumen, kleb schöne Fotos ein und sammle deine persönlichen Sommersouvenirs.

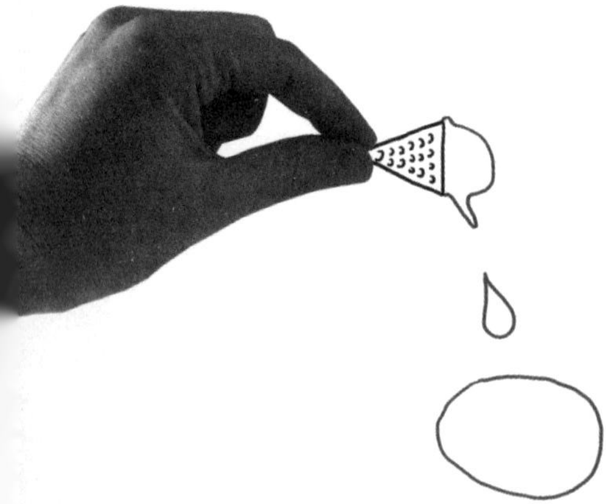

Sammle hier deine Erinnerungen an den Winter!

Eine Liste aller Dinge, die dich im Winter glücklich machen.

Lass hier ein paar Schneeflocken schmelzen.

*

Hier Verpackungen von leckeren Weihnachts-schnökereien pressen.

Nadeln von deinem Weihnachtsbaum.

Gemopste Nadeln von diversen anderen Weihnachtsbäumen.

Sammle Proben dieser Flüssigkeiten!

Tupf hier mit deinem Finger einen Tropfen hin.

roter Tee
Novemberregen
Nebel
Sommerregen

Morgentau
Meerwasser
Milch, direkt
aus der Kuh
Freudentränen

Tränen
Kondenswasser von
einer Fensterscheibe

Lass dich von Fremden zeichnen!

Notier ein paar Details zu jeder Begebenheit.

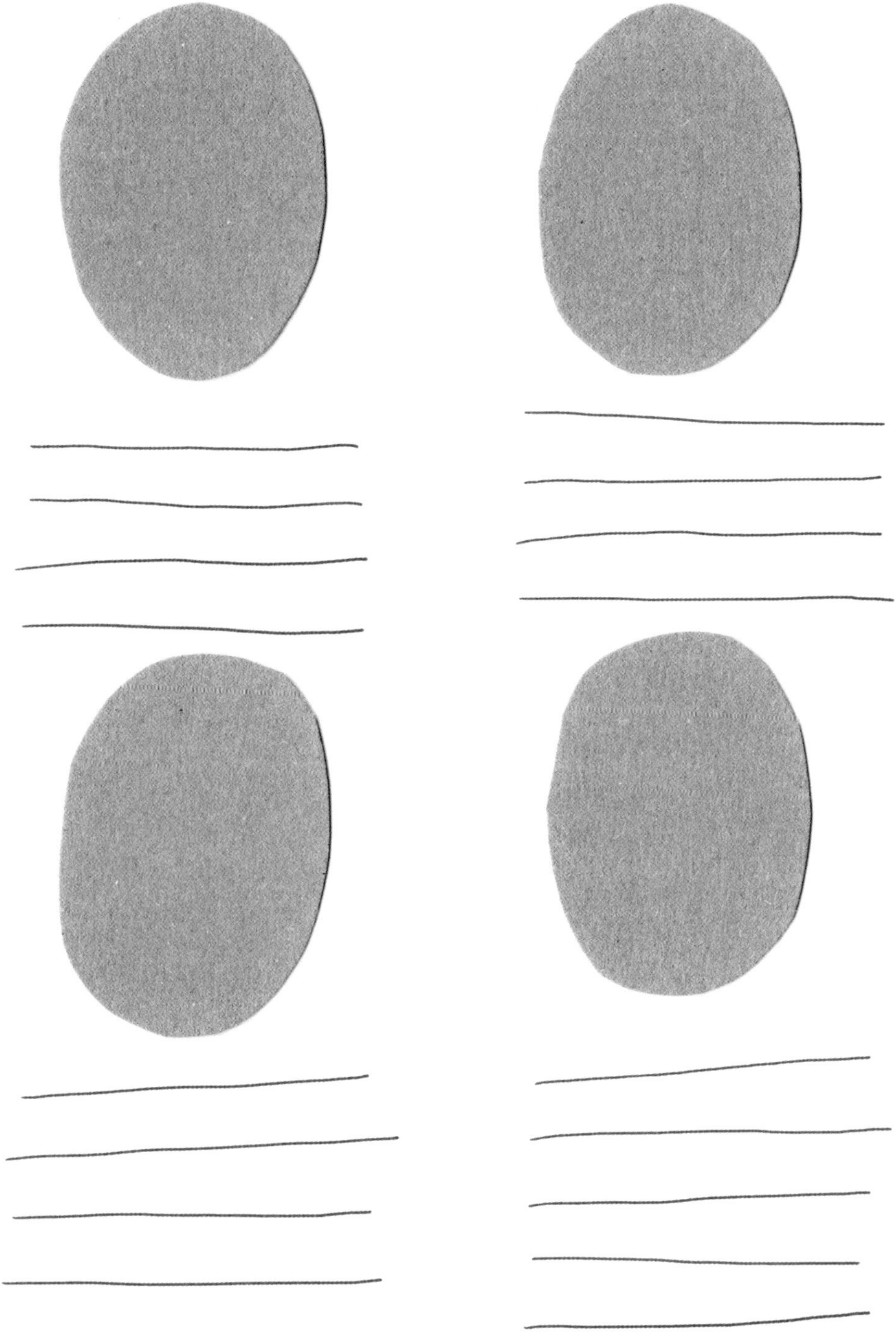

Sei ein Wortsammler!

Sammle schöne, besondere, Lieblings- und Insiderworte.

Wort	Bedeutung

Wort	Bedeutung

Mach ein Foto von dir & ...

Du kannst die Fotos am Computer verkleinern, ausdrucken und dann hier einkleben.

... jemandem, der dir ähnlich sieht.

... deinem größten Vorbild.

... so ziemlich allen Leuten, die du kennst.

... einem sonderbaren Kunstwerk.

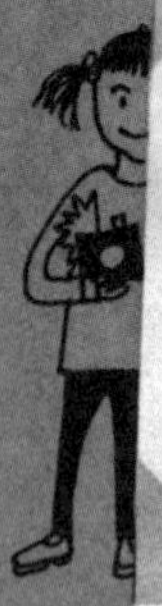

... einem Prominenten.

... einem Tier.

... deinem
Lieblingsmenschen.

... deinem Schatten
an einem
ganz besonderen Ort.

... dem absurdesten
Gegenstand,
der dir einfällt.

... der jüngsten und
ältesten Person,
die du kennst.

... einem Denkmal.

... ----------

Erweiter deinen Horizont!

1. Frag andere nach ihren Vorlieben und vervollständige die Liste.

2. Probier alle Empfehlungen aus.

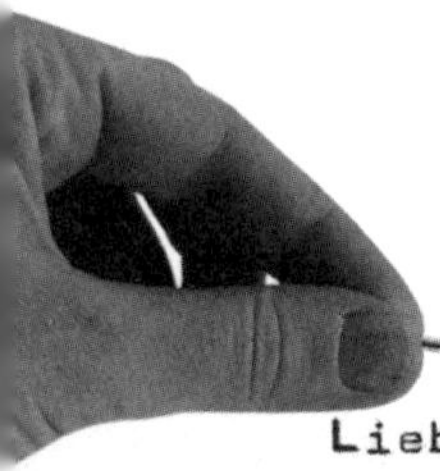

	die Mutter deines Freundes	ein entfernter Verwandter	jemand, den du nur vom Sehen kennst
Lieblingsbuch			
Hobby			
Lieblingsort			
Lieblingsessen			
Lieblingskünstler			
Lieblingssportart			
Lieblingsfilm			
Geheimtipp			

die kleine Schwester einer Freundin	jemand, der sehr alt und weise ist	jemand mit einer anderen Nationalität

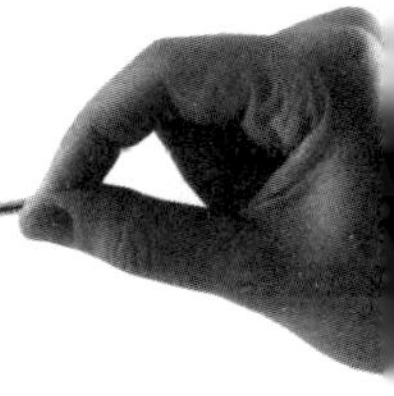

Beschreib einige deiner neuen Erfahrungen!

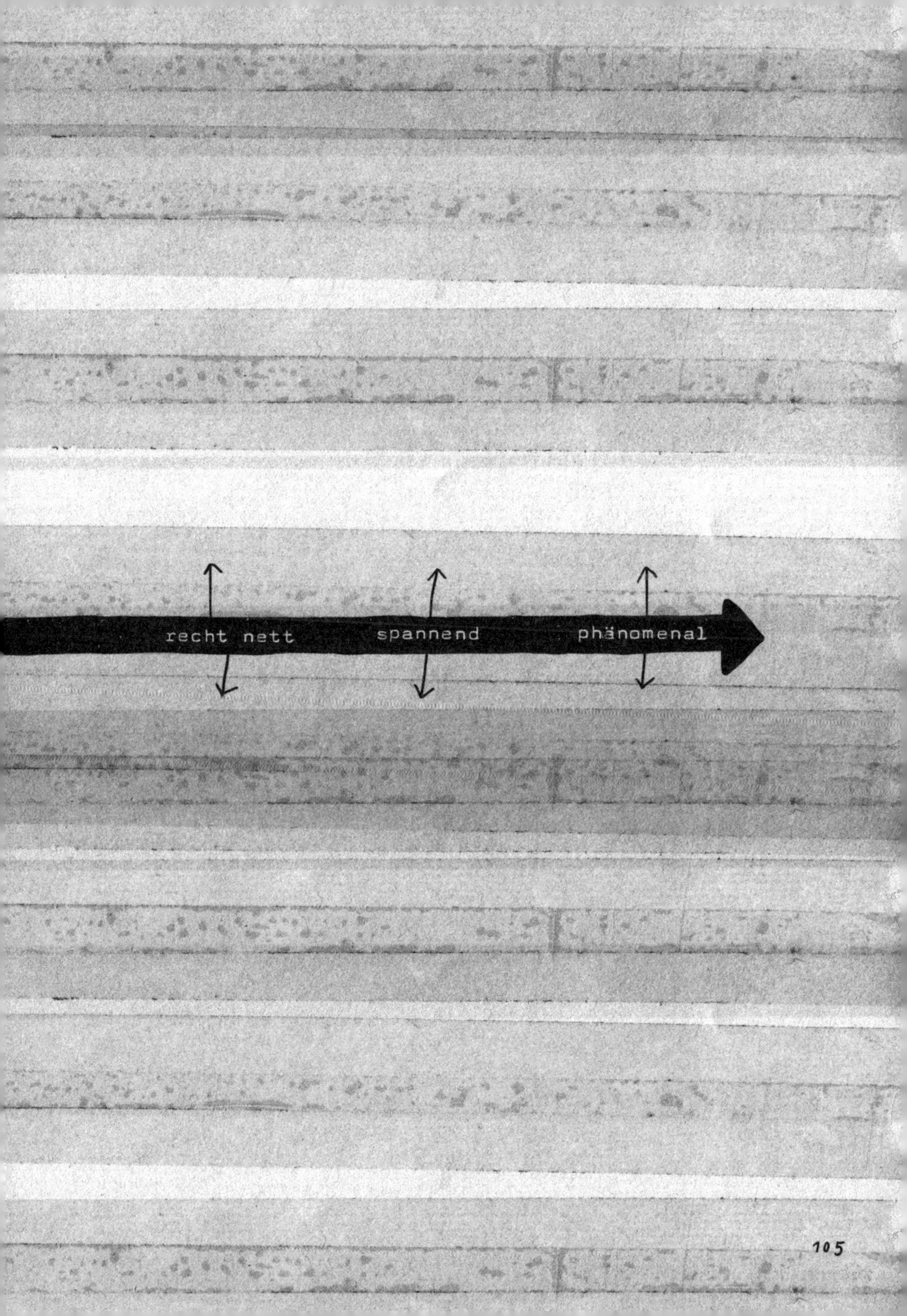
recht nett
spannend
phänomenal

Sammle Fingerabdrücke aller deiner Freunde!

Sammle gute Aussichten

Zeichne eine Woche lang den Blick aus deinem Schlafzimmerfenster.

Montag

Dienstag

Mittwoch

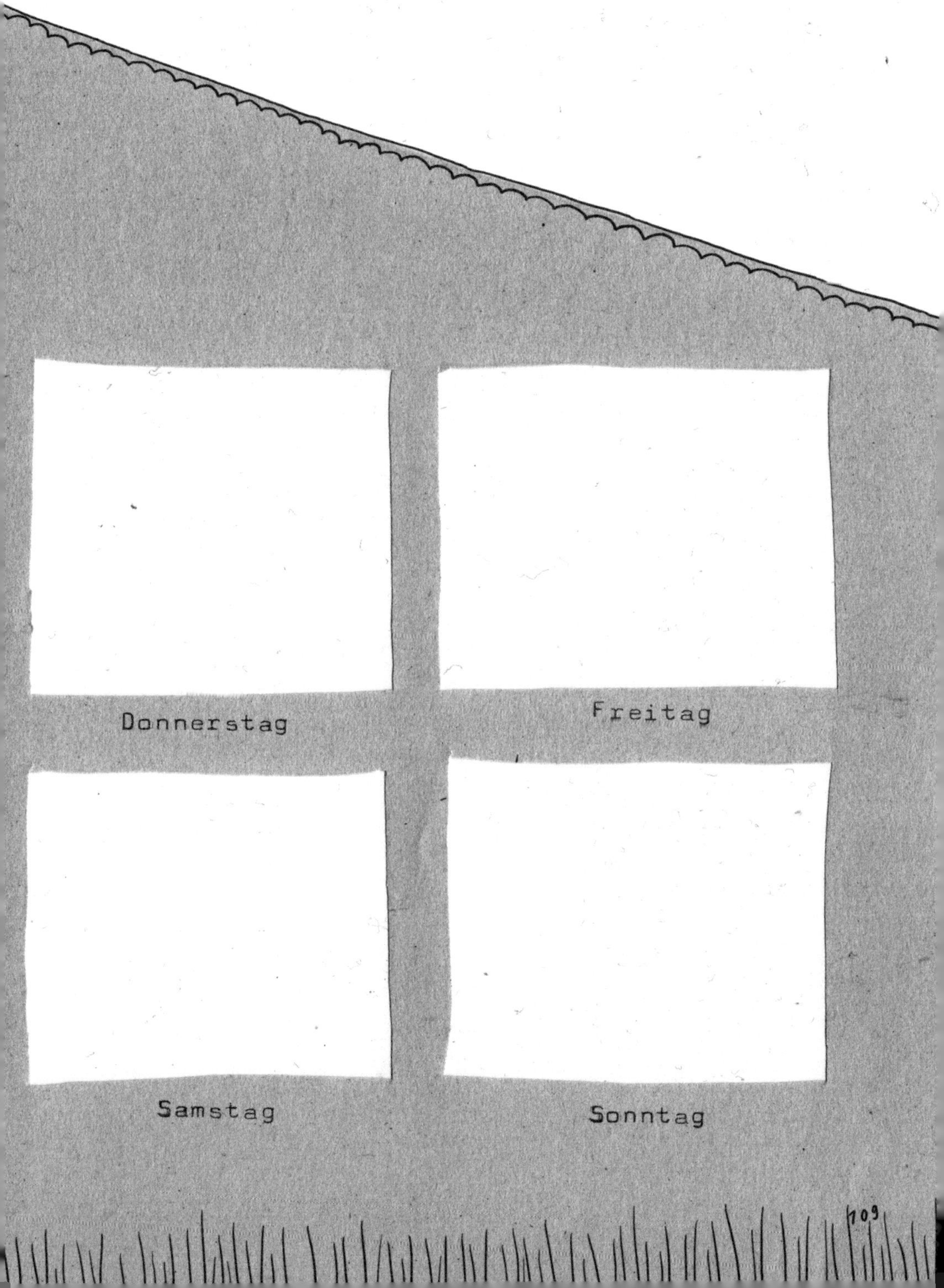
Donnerstag
Freitag
Samstag
Sonntag

Zeichne hier winzig kleine Kunstwerke auf die Streichholz-schachteln.

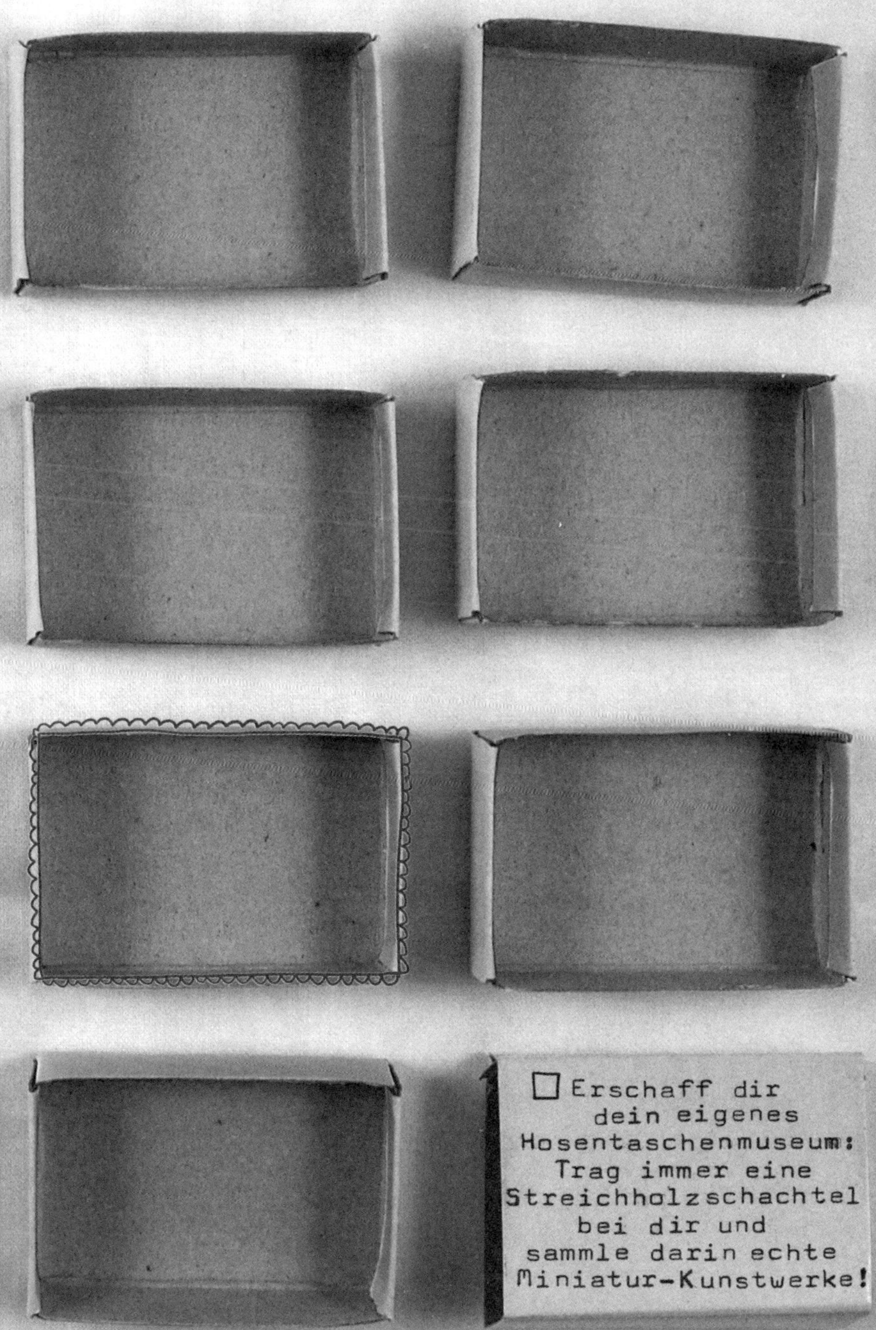
☐ Erschaff dir
dein eigenes
Hosentaschenmuseum:
Trag immer eine
Streichholzschachtel
bei dir und
sammle darin echte
Miniatur-Kunstwerke!

Sammle gute Ratschläge !

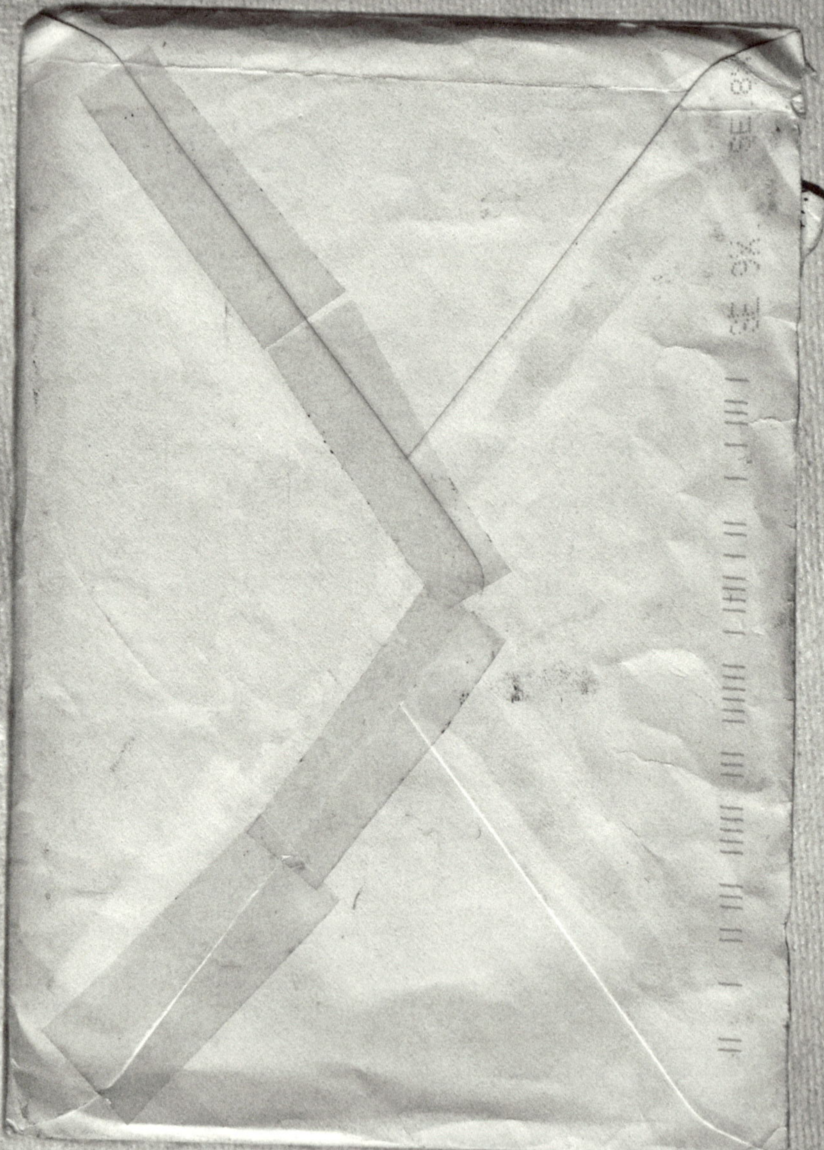

Lass dir von einem Freund
☐ einen Motivationsbrief schreiben.
Kleb ihn zu. Bewahr ihn hier auf.
Öffne ihn bei Bedarf.

Schreib dir selbst einen Brief mit
☐ Tipps und Ratschlägen für die Zukunft.
Bewahr ihn hier auf. Lies ihn bei Bedarf.

Nimm ein paar Duftproben!

Sammle oder beschreib die verschiedenen Gerüche auf den Tütchen.

(Du kannst natürlich auch echte Tütchen benutzen für deine Duftproben und sie hier sammeln. Oder du sammelst alle Gerüche in einer einzigen Tüte und erschaffst so einen ganz neuen Duft.)

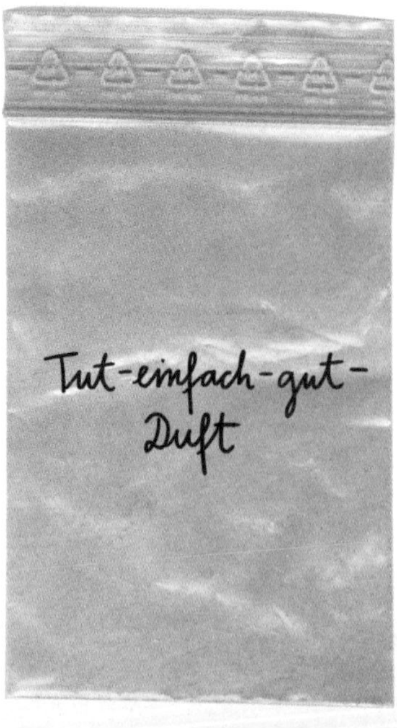

Lieblingsgeruch

Tag am Meer

Kindheitsduft

Heimat

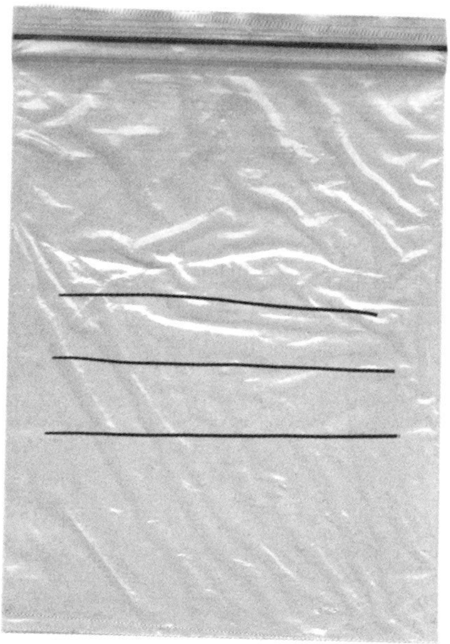

Sei ein Sachenfinder!

Halt deine Augen auf, wenn du unterwegs bist, und finde diese Dinge. Zeichne (oder kleb) sie hier ein.

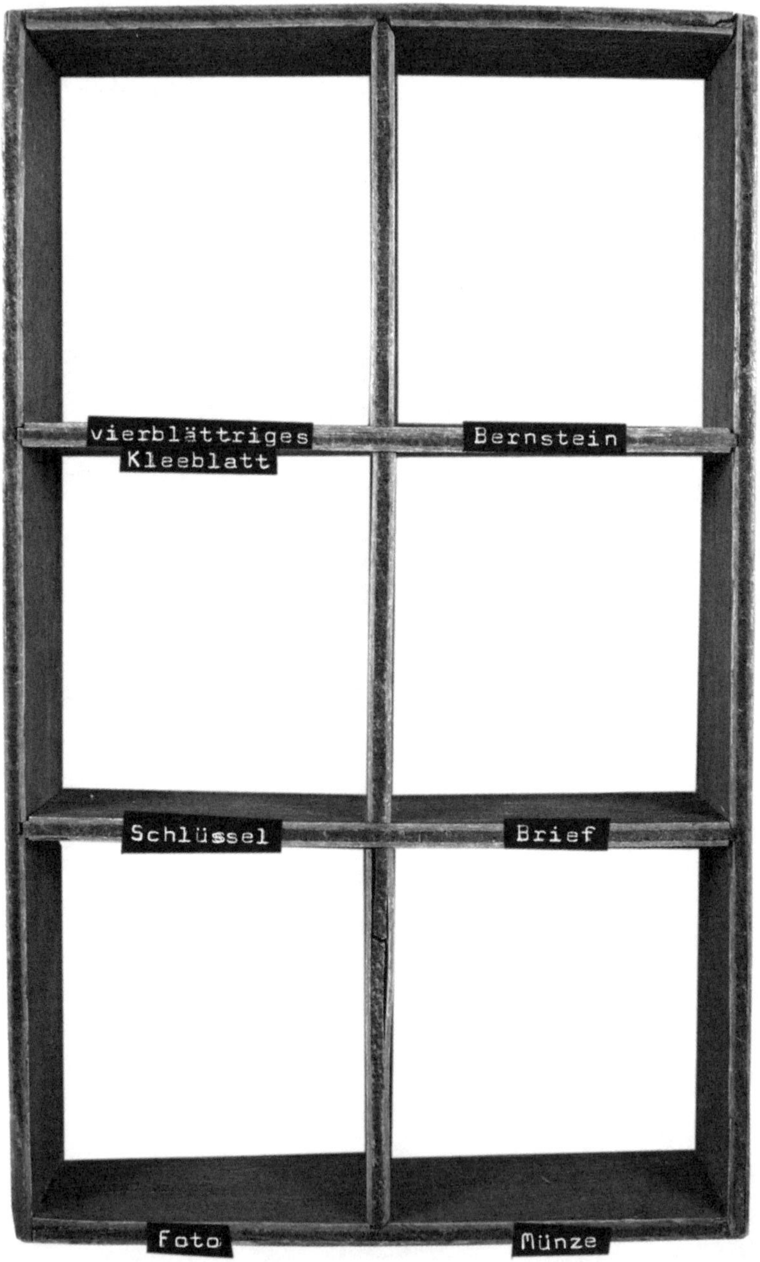

das Glück
Spielzeug
Handschuh
Buchstabe
Schmuckstück
etwas, das du verloren glaubtest

Starte eine außergewöhnliche Sammlung auf deiner Fensterbank!

Eigene Ideen ↗

Beispiele ↘

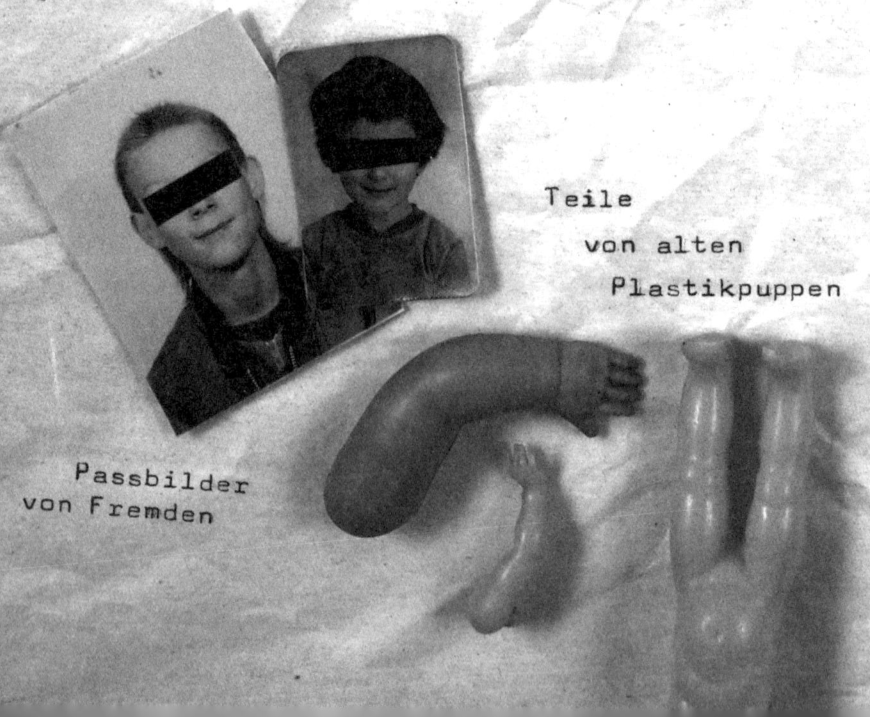

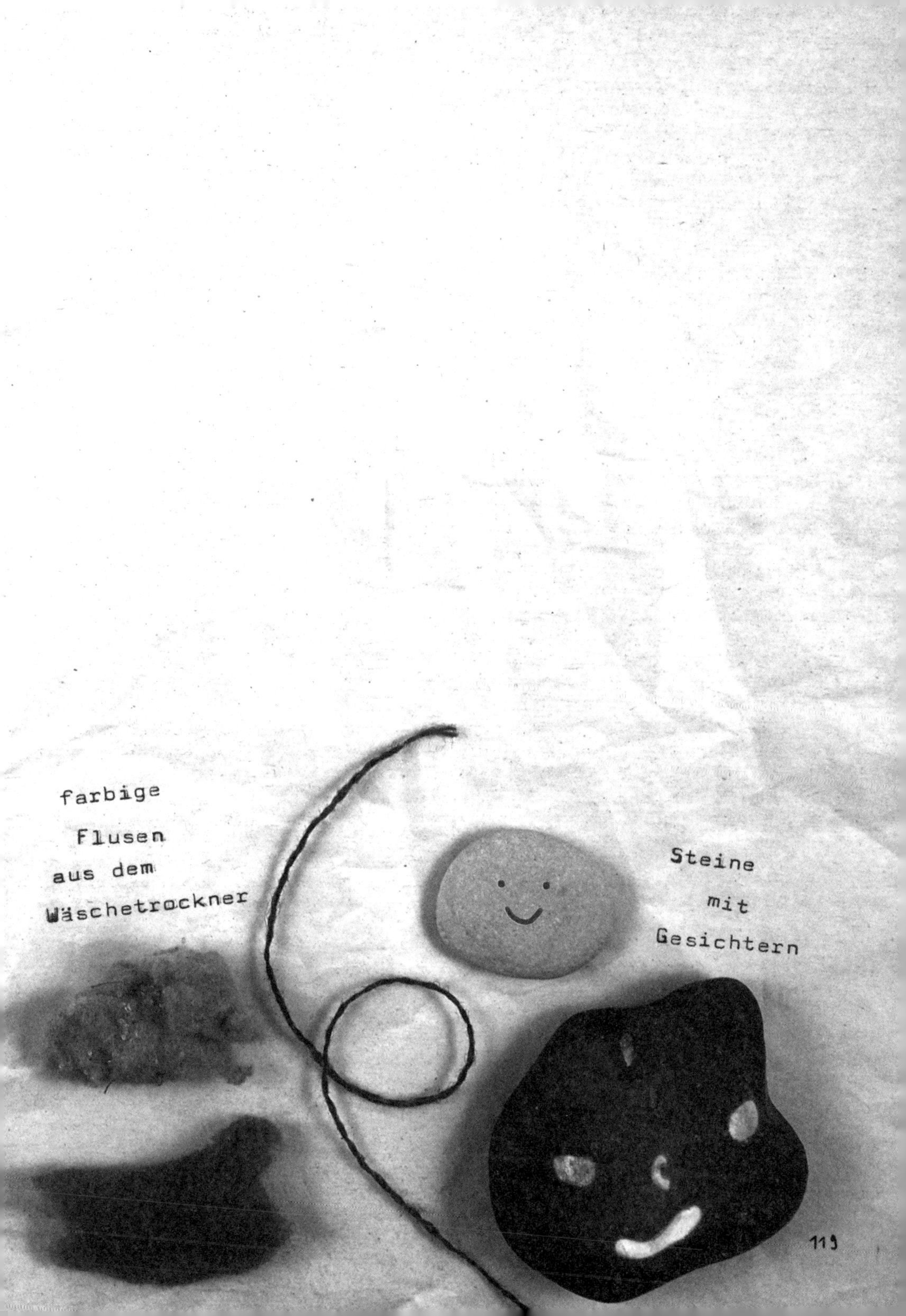
farbige
Flusen
aus dem
Wäschetrockner
Steine
mit
Gesichtern

Dokumentier ein Weilchen dein Abendessen!

Zeichne dein Essen auf diese Teller.

Fühlen

Leg dir einen Glücksvorrat für schlechte Zeiten an!

Notier auf den verschiedenen Vorratsdosen
alles, was dich glücklich macht.
Dann hast du einen kleinen Vorrat
für Notfälle.

klitzekleines Glück:
riesengroßes Glück:
nahezu unbeschreiblich:

Zeichne dich selbst, wenn du … bist!

tiefenentspannt

gelangweilt

schüchtern

wütend

kreativ

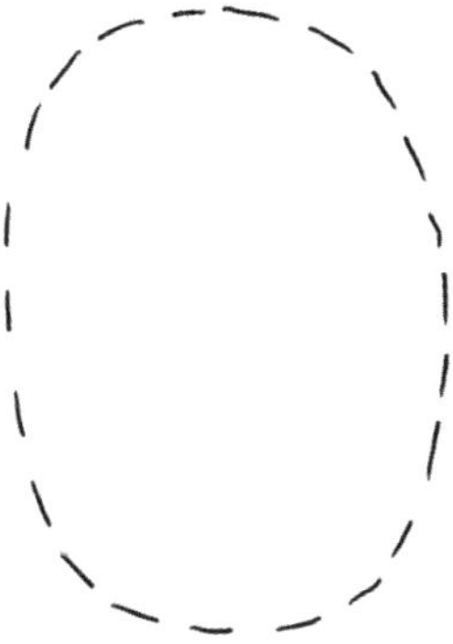

euphorisch

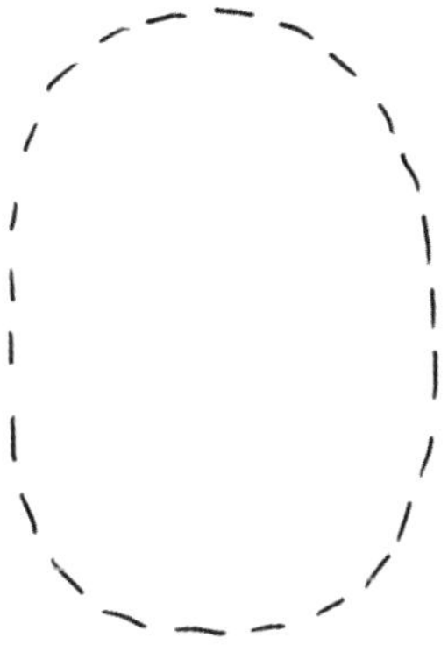

unterfordert

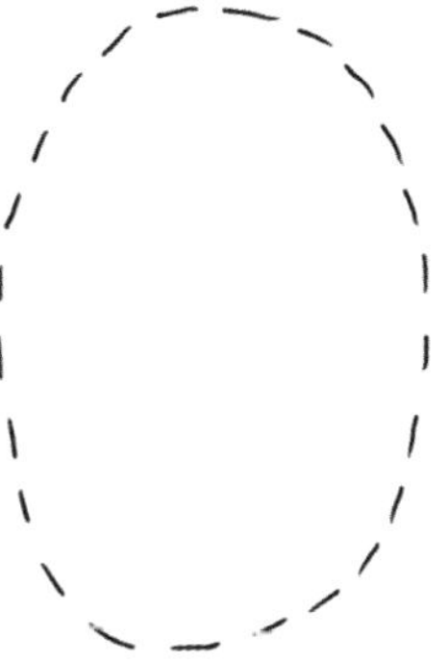

grandios

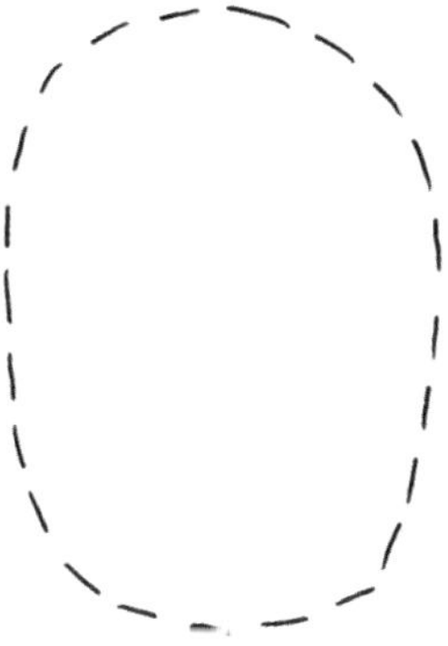

rätselhaft

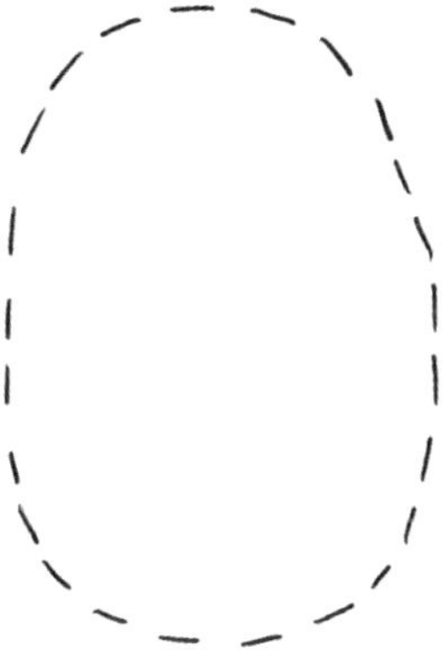

cool

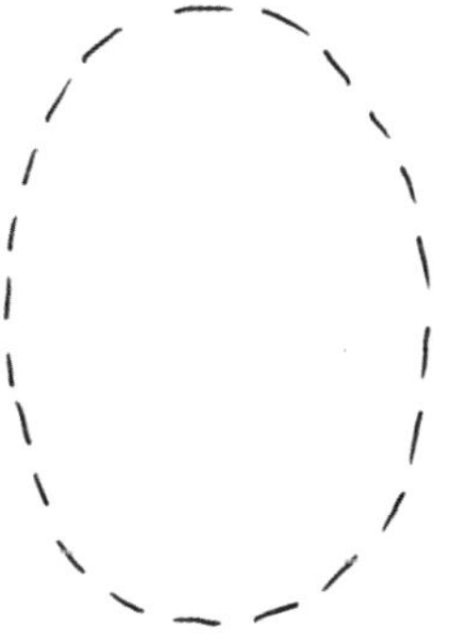

panisch

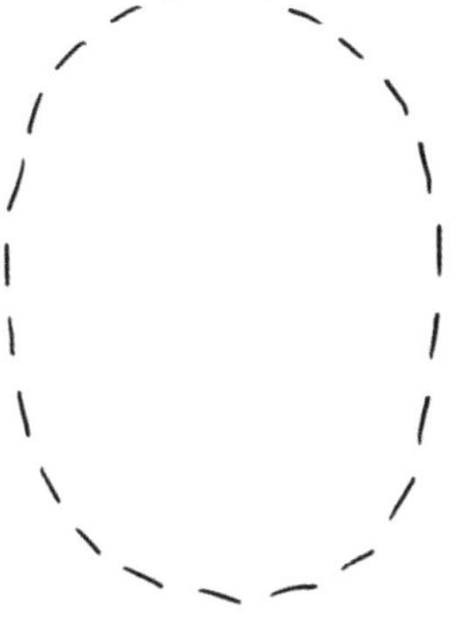

lieblich

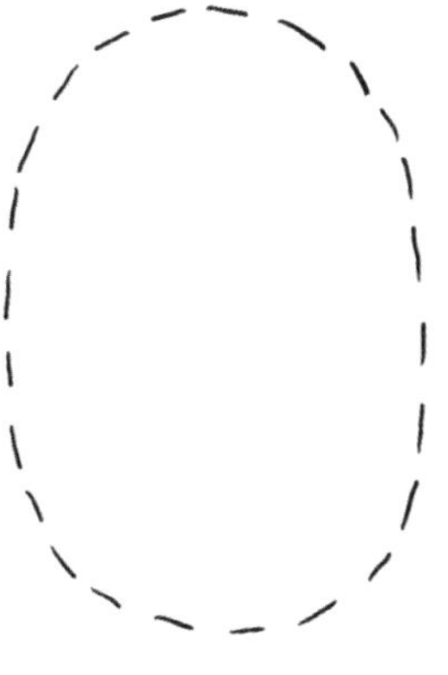

Trau dich mal was!

1. Liste alles auf, was du dich NICHT zu machen traust.
2. Jetzt streichst du das "nicht" durch und arbeitest einen Punkt nach dem anderen ab.

So einfach ist das. Wirklich.

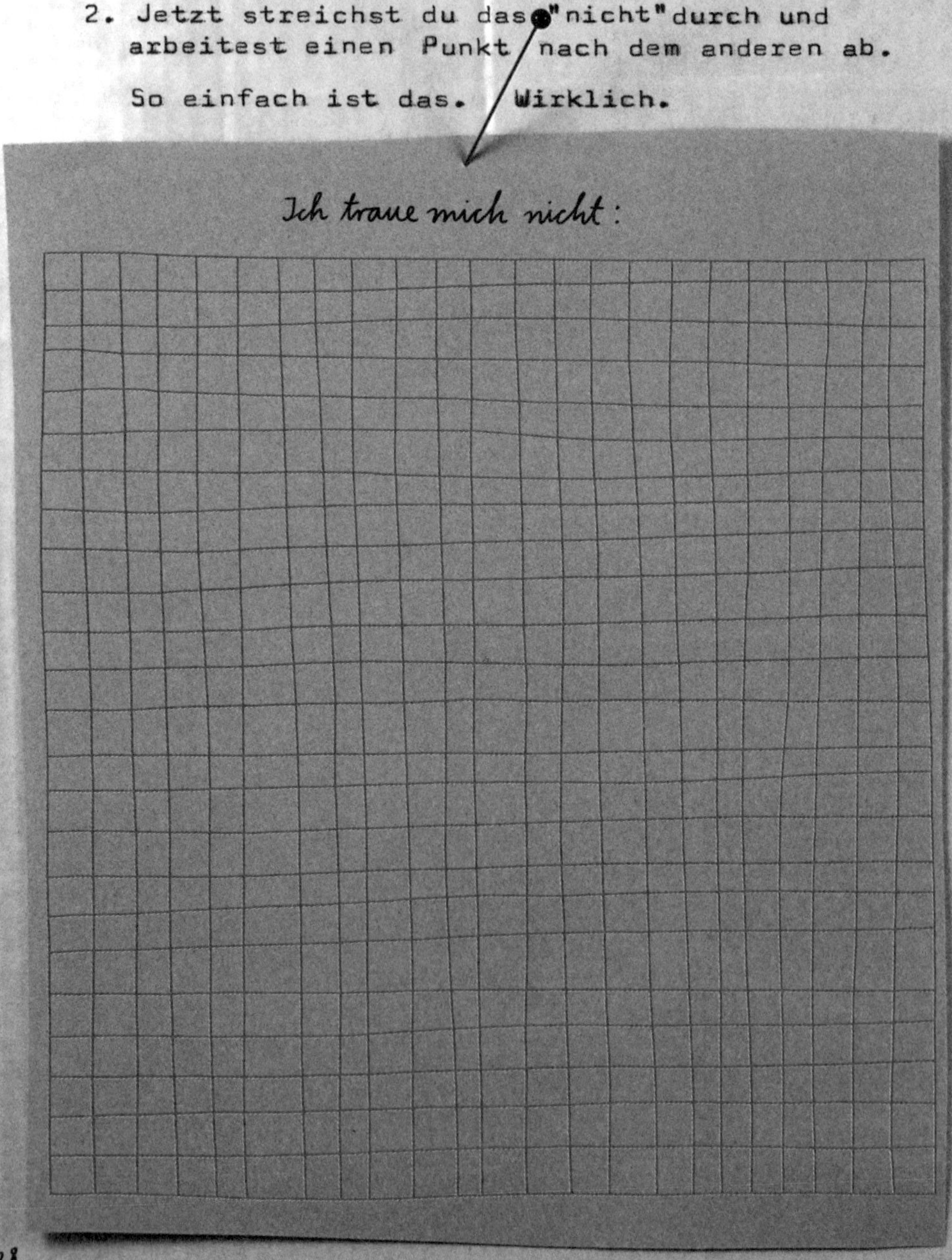

Das traue ich mich auch nicht:

Und das erst recht nicht:

365 Tage mutig sein!

Mach an jedem Tag ein Kreuz, an dem du etwas getan hast, das dich Überwindung gekostet hat.

Hier kannst du deine allermutigsten Wagnisse notieren:

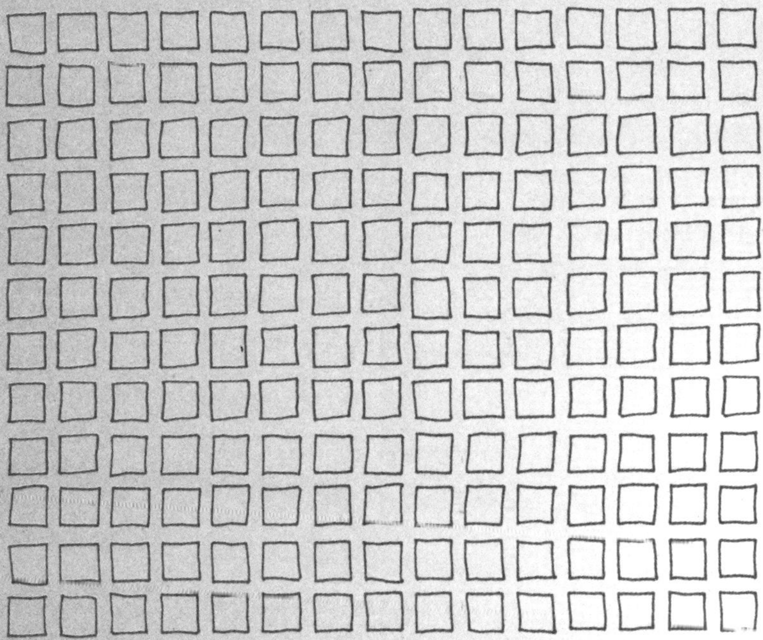

Lass dir Honig um den Bart schmieren!

Bitte deine Freunde, Familie und Bekannten, alles, was sie an dir schätzen, auf einem Klebezettel zu notieren.

Sammle alle Zettel hier.

133

Mach dir ein paar ruhige Minuten!

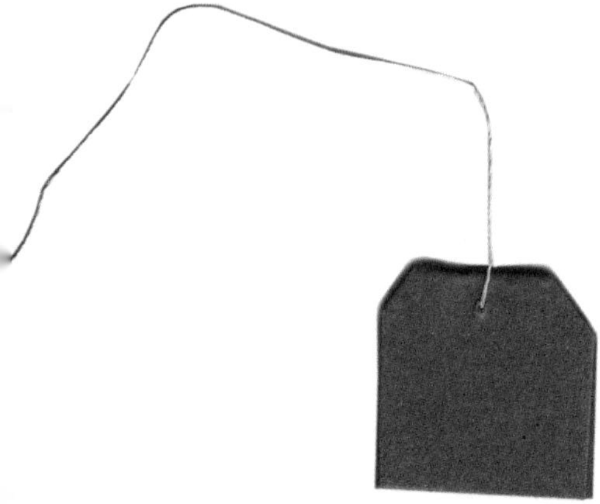

1. Koch dir einen Tee.
2. Tu 10 Minuten lang nichts. Gar nichts. Lass dabei deine Gedanken wandern.
3. Notier den schönsten Gedanken.
4. Bewahr das Teebeutelanhängsel hier auf.

Tu was für dein Ego!

Notier in diesem Kasten nur Dinge, die du richtig gut kannst, und die Komplimente, die du dafür bekommst.

137

Fühl alle diese Gefühle!

Und notier dir, wo und wann
du sie empfunden hast.

abenteuerlustig

beflügelt

crazy

dramatisch

einzigartig

fragil

gutmütig

G

heldenhaft

H

inspiriert

I

jugendlich

J

komatös

K

lethargisch

L

mutig

M

→

nörgelig

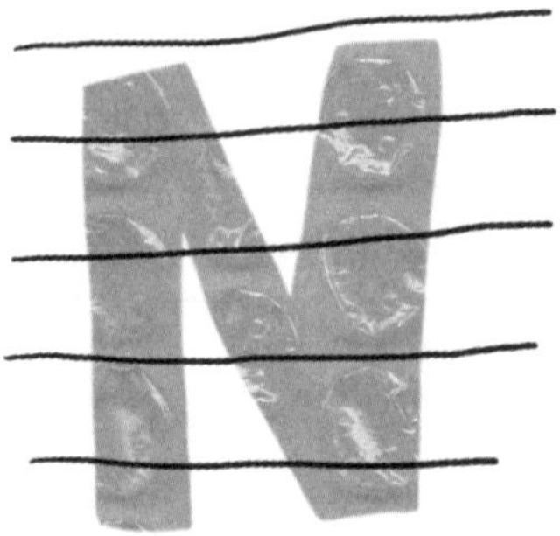

optimistisch

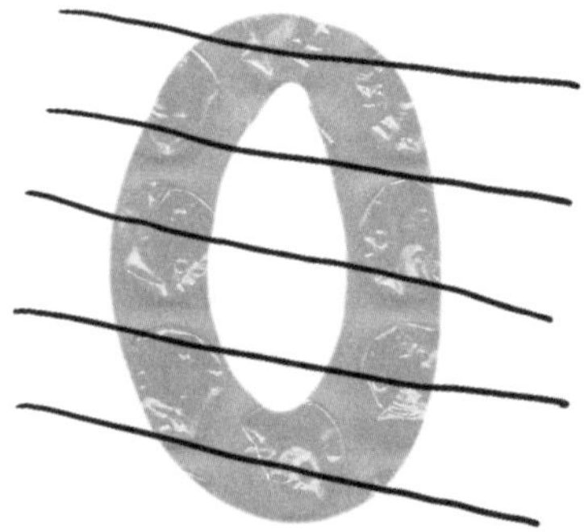

paradiesvogelig

quicklebendig

risikofreudig

sozial

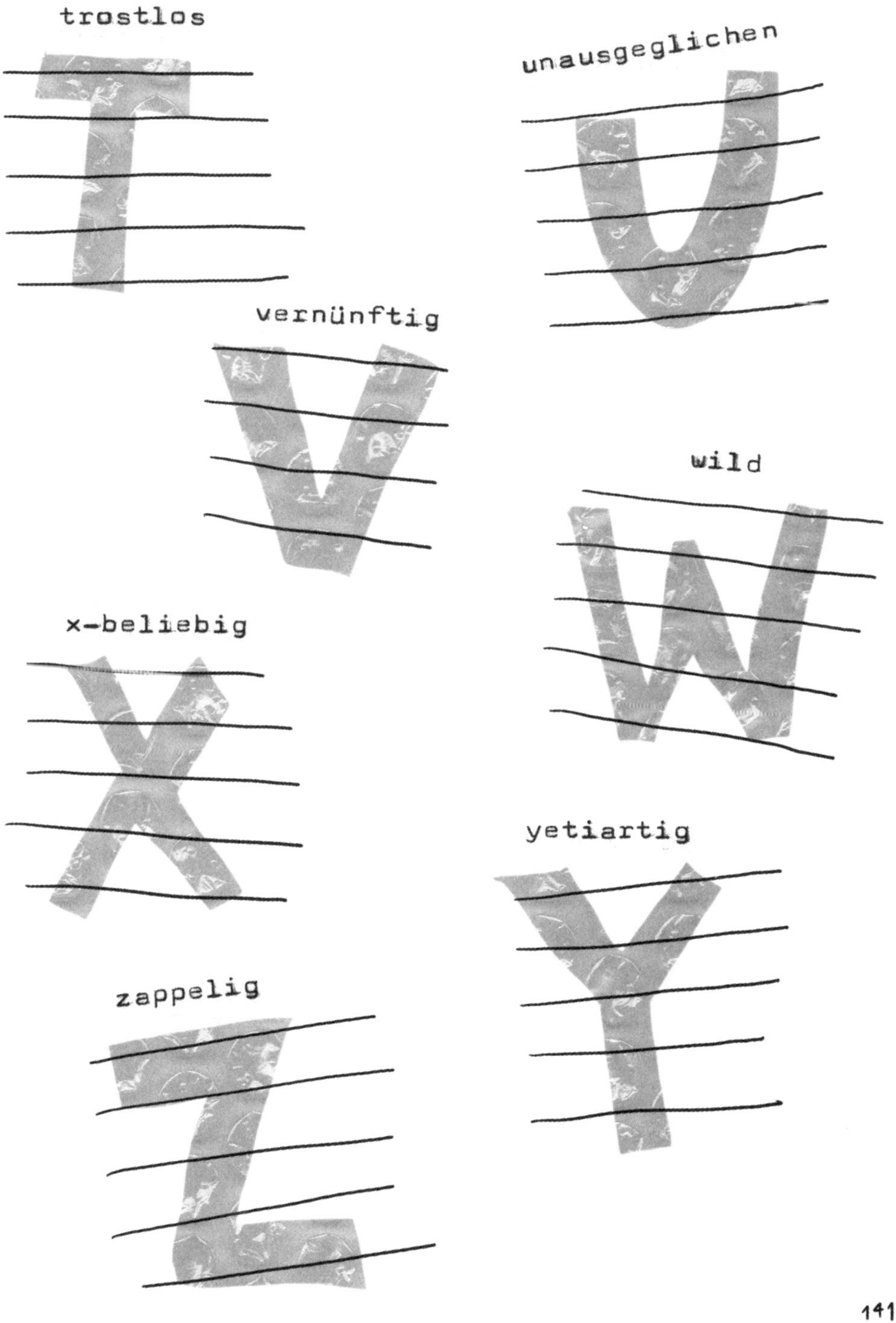
trostlos
unausgeglichen
vernünftig
wild
x-beliebig
yetiartig
zappelig

Erleichter dein Gewissen!

Schreib hier mit einem Pinsel alle deine Geheimnisse auf. Benutz Wasser statt Farbe. Dein Text wird trocknen und niemand kann es jemals lesen.
Du kannst diese Seite also immer und immer wieder benutzen.

Mach was allein!

☐ Geh auf ein großes Konzert und verlier dich in der Menschenmenge.

☐ Geh ohne deine Freunde ins Kino oder ins Theater.

☐ Finde Orte, an denen du gut allein sein kannst.

____

____

____

____

____

____

____

____

____

☐ Repariere etwas Kompliziertes ohne fremde Hilfe.

☐ Verreise ganz allein.

☐ Setz dich in ein Restaurant und genieße nur mit dir selbst in trauter Einsamkeit ein Menü bei Kerzenlicht.

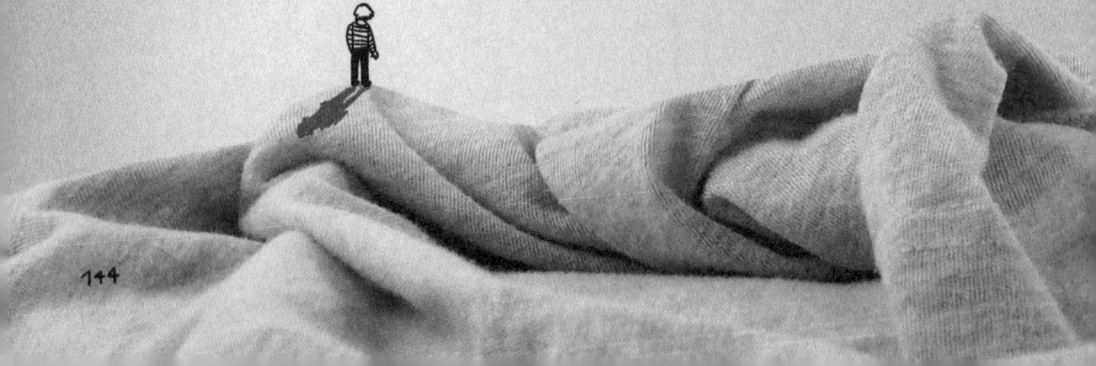

☐

Geh in den Wald
und stell dir vor,
du seist der letzte
Mensch auf Erden.

☐

Versuch, einen ganzen
Tag niemanden zu sehen,
mit niemandem zu sprechen,
nicht zu telefonieren.
Nur du und ein Stift.
Notiere alle Gedanken,
die dir durch den Kopf gehen.

Wünsch dir was!

Notier alle deine Wünsche.
Kehr regelmäßig zu deiner Wunschsammlung
zurück und sieh nach, was sich schon
erfüllt hat. So verlierst du deine
Wünsche nicht aus den Augen.

Sammle hier deine
rausgefallenen Wimpern,
damit du für Notfälle
immer ein paar Wünsche
frei hast.

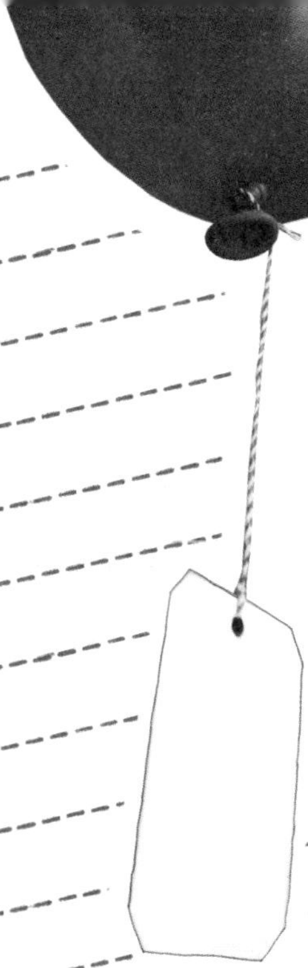

Schreib ganz
besondere,
heimliche
Wünsche auf
einen Zettel,
bind sie an
einen Gas-
luftballon
und lass sie
in den Himmel
aufsteigen.

Mach dir einen richtig schönen Tag!

→

1. Füße hochlegen.
2. Zurücklehnen.
3. Liste schreiben.

Meine Zutaten für einen richtig schönen Tag:

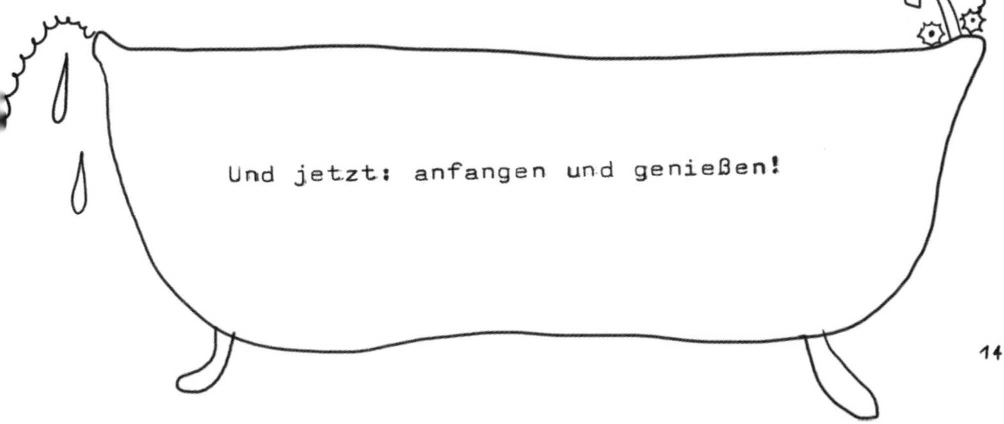
Und jetzt: anfangen und genießen!

Mach mal NICHTS!

Wie lange hältst du durch?
Was geht dir dabei durch den Kopf?

Mach jemanden glücklich. Jetzt!

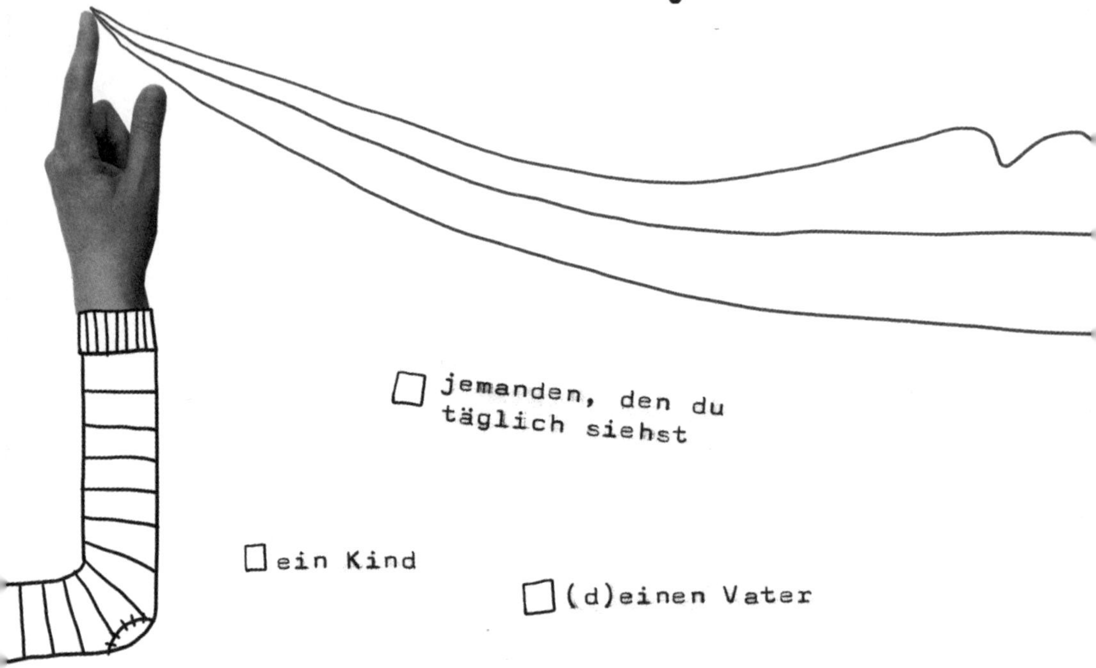

☐ jemanden, den du täglich siehst

☐ ein Kind

☐ (d)einen Vater

☐ (d)eine Mutter

☐ den Busfahrer

☐ jemanden, den du vom Sehen kennst

Umd wie?

Zeit schenken, ein Buch vorlesen, anrufen,
einen netten Zettel in die Tasche schmuggeln...
Lass deiner Fantasie freien Lauf.
Aber fang JETZT an!

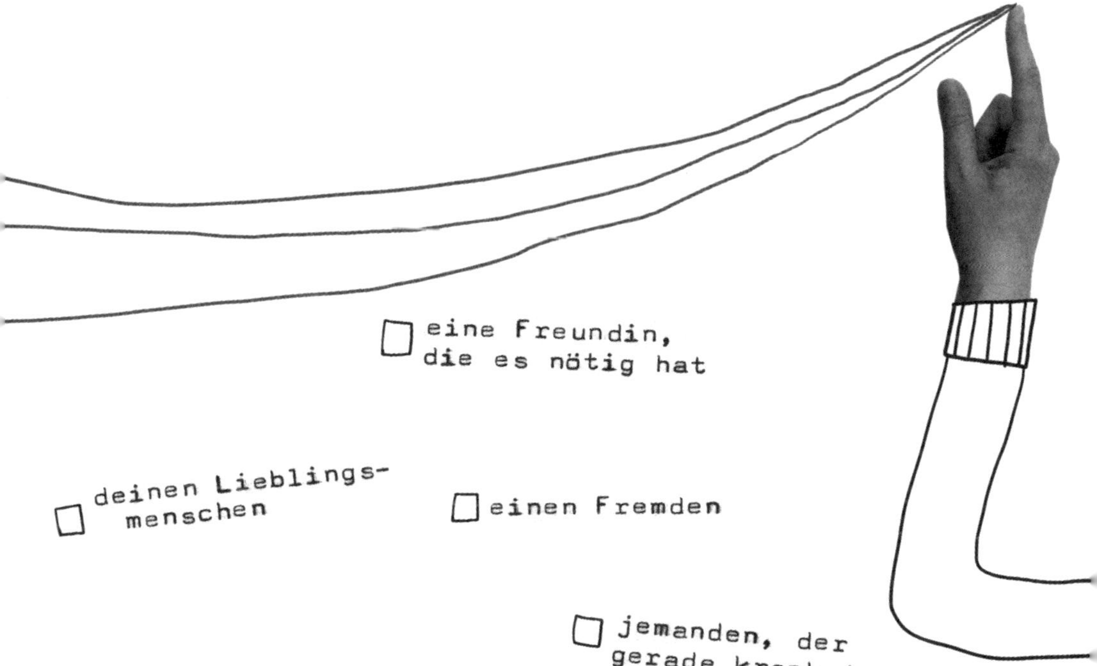

- ☐ eine Freundin, die es nötig hat
- ☐ deinen Lieblingsmenschen
- ☐ einen Fremden
- ☐ jemanden, der gerade krank ist
- ☐ die nette Nachbarin
- ☐ jemanden, der sehr gestresst ist
- ☐ dich selbst
- ☐ jemanden, mit dem du arbeitest

→

Noch mehr Glücklichmachen

Merk dir Details von deinen Mitmenschen, um ihnen bei nächster Gelegenheit eine Freude zu bereiten.

Name	freut sich über

Name	freut sich über

Fühl die Musik!

Erstell dir Playlists und lass dich von der Musik mit auf die Reise nehmen.

Her mit der guten Laune

Gut fürs Herz

Fernweh

Tanzen, tanzen, tanzen!

Bastel dir deine eigenen Komplimente-Kärtchen!

Benutze sie täglich!

1. Kärtchen beschriften.
2. Kopieren und ausschneiden.
3. Verteilen. Immerzu.

Hut ab!

Das hast du gut gemacht.

Trenn dich von trüben Gedanken!

Rausgehen

Guck mal über den Tellerrand!

□

Setz dich in ein Café oder an einen belebten Ort und lausch den Gesprächen der anderen. Was kannst du über sie erfahren?

□

Frag mal einen sehr alten Menschen, wie es früher war, als er so alt war, wie du jetzt bist.

□

Folg mal ein paar Minuten einer fremden Person und sieh nach, wo sie hingeht.

□

Guck dir möglichst viele unterschiedliche Ausstellungen an. Sei offen für alles!

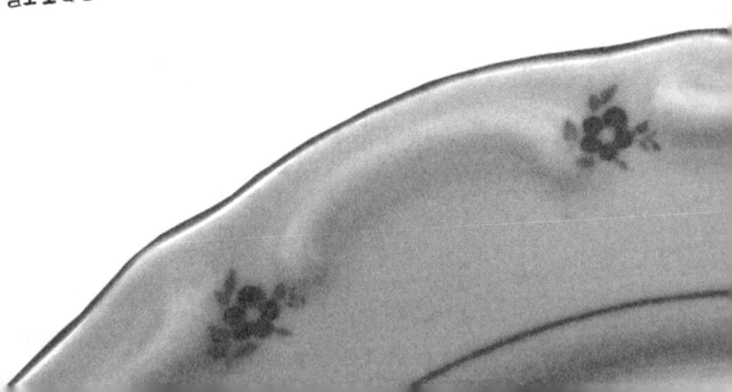

☐

Wenn du in der Stadt
lebst: mach einen Trip
in ein gemütliches
kleines Dorf

☐

Bist du ein Landei:
Fahr in eine große Stadt
und stürz dich
ins Getümmel.

☐

Frag mal jemanden, den du kennst,
ob du ihn für einen Tag zur Arbeit
begleiten darfst, um ihm dabei
über die Schulter zu schauen.

☐

Sei neugierig:
Frag alle möglichen Leute,
ob du dir mal ihre
Wohnungen ansehen kannst.

☐

Schau dir bei
einem Stadtspaziergang
mal die Hinterhöfe an.
Oder die Rückseiten der Häuser,
die versteckten Winkel,
die Schleichwege ...

Bau dir einen Erlebnisgenerator!

für mindestens
6000 neue
Erlebnisse.

1. Fülle alle Diagramme gemäß der Beschriftungen aus.

2. Wähle mit geschlossenen Augen aus jedem Diagramm einen Punkt aus.

3. Jetzt kannst du die Tätigkeit am gewählten Ort durchführen und das Erlebnis erleben.

Hier 8 Namen deiner Freunde eintragen

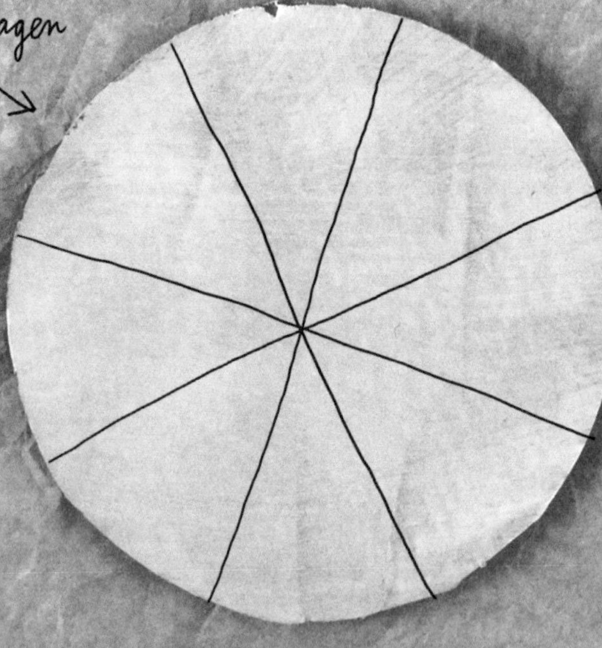

Hier 8 Orte eintragen

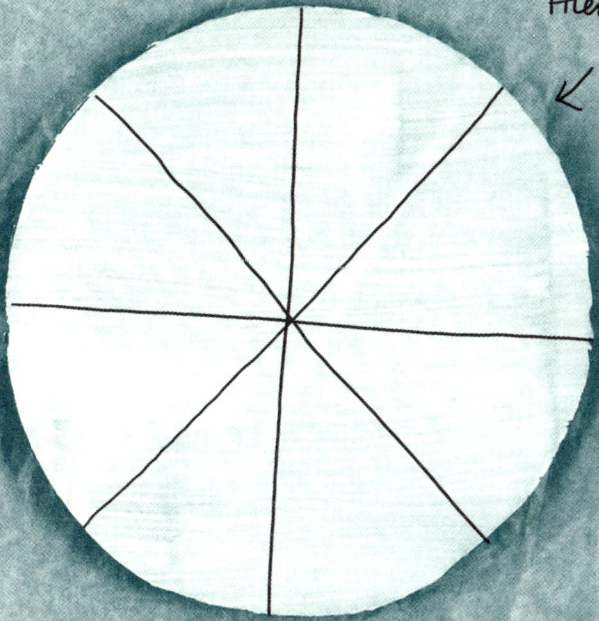

Hier 8 Tätigkeiten eintragen

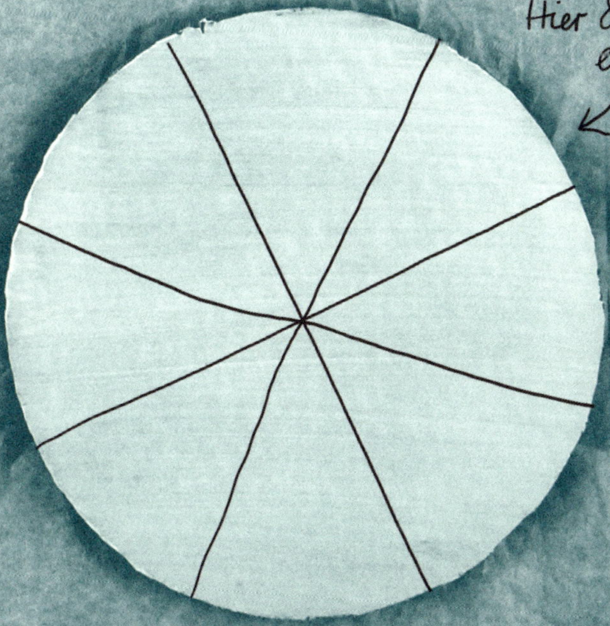

Mach dir Notizen über einige deiner neuen Erlebnisse!

Lustig:

Unglaublich:

Chaotisch:

Turbulent:

Absurd:

Unschön:

Überraschend:

Großartig:

Traumschön:

Unverzichtbar:

Einmalig:

Überflüssig:

Sei richtig spontan!

1. Pack in deine Tasche die ersten 5 Dinge, die dir in den Sinn kommen.

2. Verlass deine Wohnung.

3. Und jetzt?
Immer der Nase nach!

Wen triffst du?

Wohin verschlägt es dich?

Was erlebst du?

Zeig, dass du da warst: Hinterlass Spuren!

☐ Bau kleine Steinstapel am Wegesrand.

☐ Tritt in frischen Zement.

☐ Gestalte eigene Höhlenmalereien für die Nachwelt. (Z.B. mit Kreide in einem Tunnel.)

☐ Trampel Spuren in frischen Schnee.

☐ Schreib mit Wasser an eine schmutzige Wand.

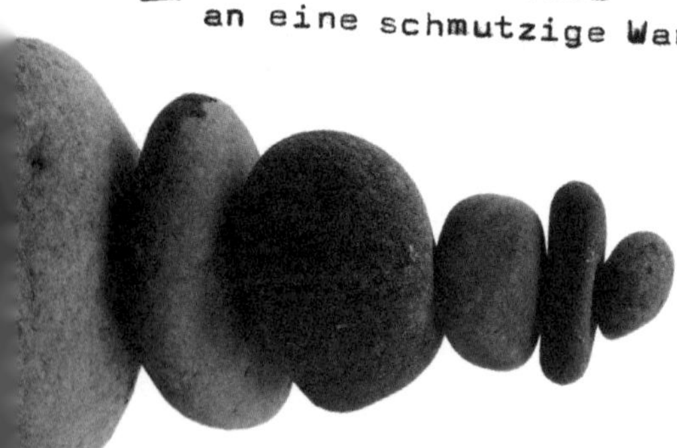

☐ Zeichne mit einem Stöckchen in den Sand.

- [ ] Hinterlass Botschaften mit Straßenkreide.

- [ ] Schreib mit Gräsern oder Blättern etwas, das der Wind verweht.

- [ ] Gestalte ein Graffiti mit Sahne oder Rasierschaum.

- [ ] Zeichne mit dem Finger an beschlagene Fensterscheiben.

- [ ] Verteile kleine Botschaften zum Mitnehmen in der Stadt.

Mach was im Wald!

☐ Verlass den Weg und geh querfeldein.

☐ Finde etwas Essbares.

☐ Lern, auf einem Grashalm oder einem Eichelhütchen zu pfeifen.

☐ Bau dir einen Unterschlupf.

☐ Finde 10 Tiere. (Achtung: nur zeichnen, nicht anfassen!)

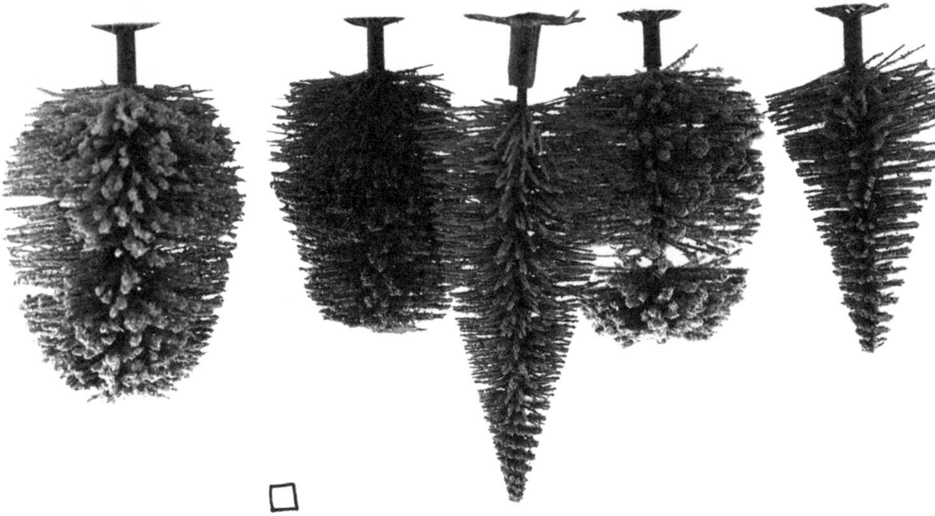

☐

Sortier die Blätter
auf dem Waldboden
nach Größe und Farbe.

☐

Finde ein Rinnsal und
leite es um. Oder bau
einen kleinen Staudamm.

☐

Leg dich auf die Erde
und schnupper am Boden.
Inhalier den Waldduft.

☐ Folg einer Tierspur.

☐

Heb mal einen großen Stein
auf, dreh ihn um und guck,
was sich darunter so tummelt.

☐ Versuch, mit
einem Vogel zu
kommunizieren.

Mach was mit Bäumen!

☐ Schmück eine Tanne mit Eichenlaub (oder umgekehrt).

☐ Balanciere auf einem umgekippten Baumstamm.

☐ Bau einen Stapel aus Blättern und Stöckchen, der mindestens so groß ist wie du selbst.

☐ Übernimm eine Baum-Patenschaft.

☐ Kletter auf einen Baum, so hoch, wie es geht. Bleib lange oben.

- ☐ Beiß mal von einem Apfel ab, der noch am Baum hängt.

Für ganz Geduldige: Pflanz

- ☐ ein Obstbäumchen und freu dich auf die erste Ernte.

☐ Versuch mal, zehn Bäume zu bestimmen.

☐ ☐ ☐ ☐ ☐ ☐ ☐ ☐ ☐ ☐

☐ Umarme einen Baum, halte ihn ganz fest. Was geht dir dabei durch den Kopf?

Mach dir deinen eigenen Stadtplan!

Finde diese Orte & zeichne sie auf dem Stadtplan ein (nächste Seite).

- [ ] hier wohne ich
- [ ] meine täglichen Wege
- [ ] meine Lieblingsstraße
- [ ] hier wohnt mein Lieblingsmensch
- [ ] hier bin ich am glücklichsten
- [ ] ein Ort, der nur mir gehört
- [ ] ein unheimlicher Ort
- [ ] hier treffe ich immer nette Leute
- [ ] hier bekomme ich immer gute Laune
- [ ] hier bekomme ich immer schlechte Laune
- [ ] hier fühle ich mich wie ein Alien
- [ ] hier arbeite ich
- [ ] hier muss ich oft warten
- [ ] Wasserflächen
- [ ] leckerster Kaffee
- [ ] Lieblingsbank
- [ ] Lieblingsbaum
- [ ] ein grimmiger Hund
- [ ] hier fühle ich mich wie ein Zwerg
- [ ] hier fühle ich mich wie ein Riese
- [ ] hier kann ich den Horizont sehen
- [ ] Orte, die ich meide
- [ ] hier fühle ich mich wohl
- [ ] hier scheint niemals die Sonne
- [ ] ein gutes Versteck
- [ ] hier kann ich die Sterne am besten sehen

Meine persönlichen
Sehenswürdigkeiten

☐ ______________________________

☐ ______________________________

☐ ______________________________

☐ ______________________________

☐ ______________________________

☐ ______________________________

☐ ______________________________

☐ ______________________________

ein kleines Beispiel:

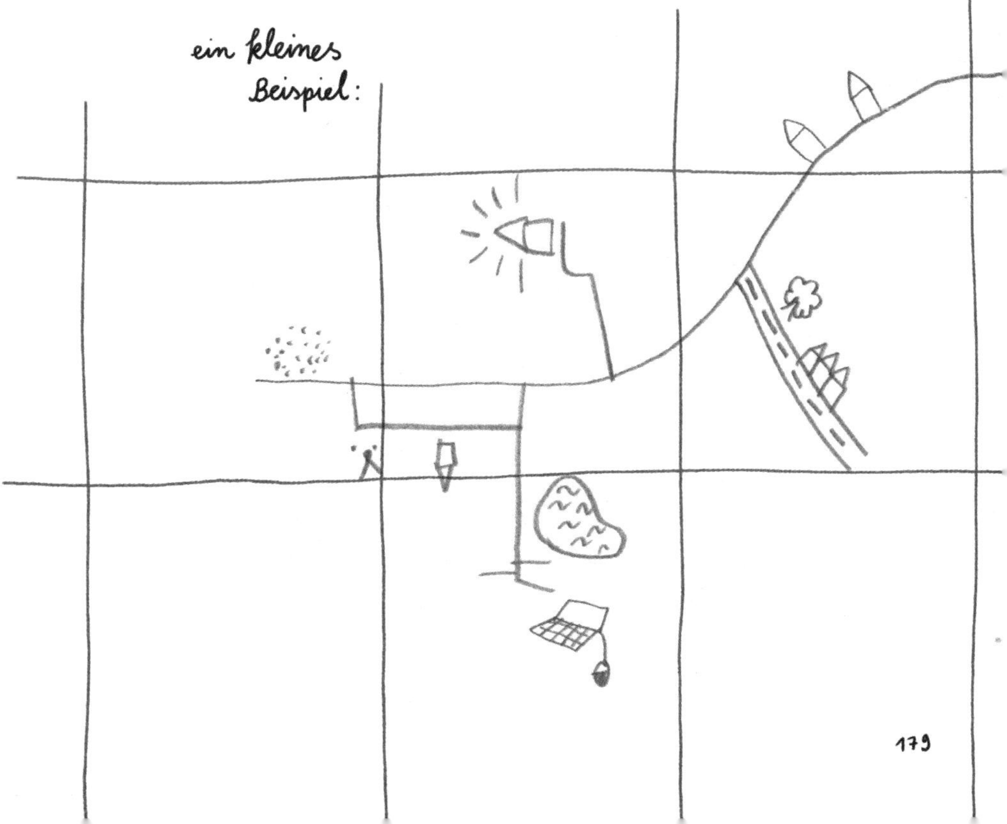

Mein Stadtplan

	1	2	3	4
A				
B				
C				
D				
E				

5	6	7	8

Mach was am Strand!

☐ Lass ein Steinchen 10 Mal übers Wasser flitschern.

☐ Zeichne große Bilder in den Sand.

☐ Lass dich einbuddeln, bis nur noch dein Kopf rausguckt.

☐ Mal mit einem wasserfesten Stift Gesichter auf Steine und verteil sie wieder am Strand.

☐ Bade im Meer.

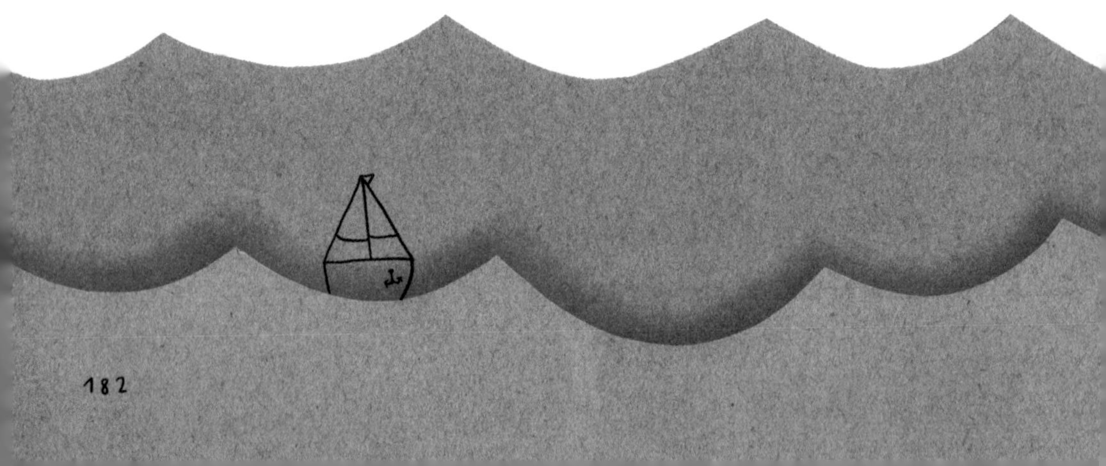

☐ Verschick eine Flaschenpost.

☐ Leg ein großes Bild aus Steinen.

☐ Geduldsprobe: leg eine 10 m lange Linie aus Steinchen direkt ans Ufer, bevor die Flut kommt. Sieh dabei zu, wie das Wasser dein Werk zerstört.

☐ Finde Steine, die wie Tiere, Gesichter oder Gegenstände aussehen.

☐ Steig auf einen Leuchtturm.

☐ Sortier alle Steine nach Farbe. (Oder nach Größe.)

Verreise vor deiner Haustür!

1. Geh aus dem Haus.
2. Wähl an jeder Straßenecke blind mit dem Finger ein Feld aus.
3. Befolg die Anweisung.

Geh nach links.	Nimm den Weg mit den meisten Bäumen.	Geh geradeaus.
Geh in die Richtung, aus welcher der Wind weht.	Folge einem Riss im Asphalt.	Nimm die Straße mit dem interessanteren Namen.
Geh in die Richtung, die dir sympathischer erscheint.	Geh nach rechts.	Folge die nächsten 5 Minuten einem Passanten.
Dreh dich um und geh zurück.	Entscheide ganz spontan aus dem Bauch heraus.	Warte hier 5 Minuten. Dann wähl ein neues Feld aus.
Folge dem Pfeil auf einem Verkehrsschild.	Folge den Wolken.	Geh in die gleiche Richtung wie das nächste Flugobjekt.
Frag einen Passanten, welchen Weg du nehmen sollst.	Nimm die Straße, in der weniger los ist.	Nimm den geraderen Weg.

Meine Reiseberichte

Schick die Finger auf die Reise!

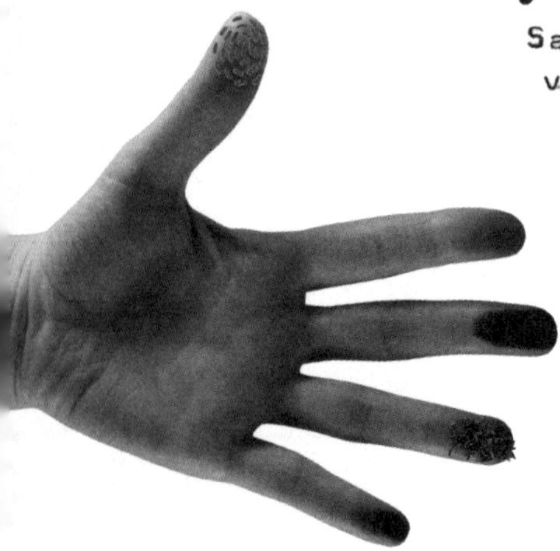

Sammle an den angegebenen Orten verschiedenen Staub und Dreck und schmier ihn hierhin.

da, wo ich gerade sitze

unter meinem Bett

Schiff aus der Ferne

Bücherregal

dunkelste Ecke des Kellers

Baustelle

Antiquität

Ampel

Waldboden

Parkbank

wirklich altes Gemälde

Lieblings-café

Zoo

unterm Tisch	U-Bahn	Fensterbank	altes Gemäuer	Tankstelle
Kinder-karussell	Müllauto	Altpapier-container	Fahrstuhl	Dachboden
Schornstein-feger	Asche eines gemütlichen Lagerfeuers	Arbeits-platz	Fahrrad	Fenster-scheibe
Straßenrand	Dachrinne			

Beweg dich!

☐ Benutze einmal jedes dieser Fortbewegungsmittel:

- ☐ Einrad
- ☐ Skateboard
- ☐ Rollschuhe
- ☐ Skier
- ☐ Stelzen
- ☐ Floß
- ☐ Schlitten
- ☐ Fahrrad
- ☐ Dreirad
- ☐ Kettcar

☐ Gründe mit deinen Freunden irgendeine Sportmannschaft und veranstaltet eure eigene Weltmeisterschaft. Inklusive selbst gebautem Pokal und Siegerehrung.

☐ Wie weit kannst du springen? Versuch mal, dich zu verbessern.

☐ Stell deinen eigenen Weltrekord im 100-m-Rückwärtslaufen auf.

☐

Lauf, so lange du kannst.
Und dann noch ein kleines
Stückchen weiter.
Wie lange hältst du durch?

______ Sekunden
______ Minuten
______ Stunden
______ Tage

☐

Pack dir Wasser und
Proviant ein und geh wandern.
Weit und lange.

☐

Schaff es einmal aufs Siegertreppchen.
Vergiss nicht das Beweisfoto!

☐

Bekomm mal eine Medaille für
eine sportliche Leistung.
Falls es nicht gelingt: Hier ist
eine Vorlage. Einfach aus-
schneiden, dann kannst du sie
dir selbst verleihen.

Tausch dich um die Welt!

Starte mit einer Büroklammer. Überlass deinen Tauschpartnern, was sie eintauschen möchten. Notier dir Details zu den Tauschgeschäften und zeichne die ertauschten Gegenstände ein.

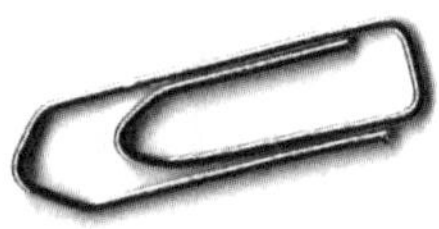

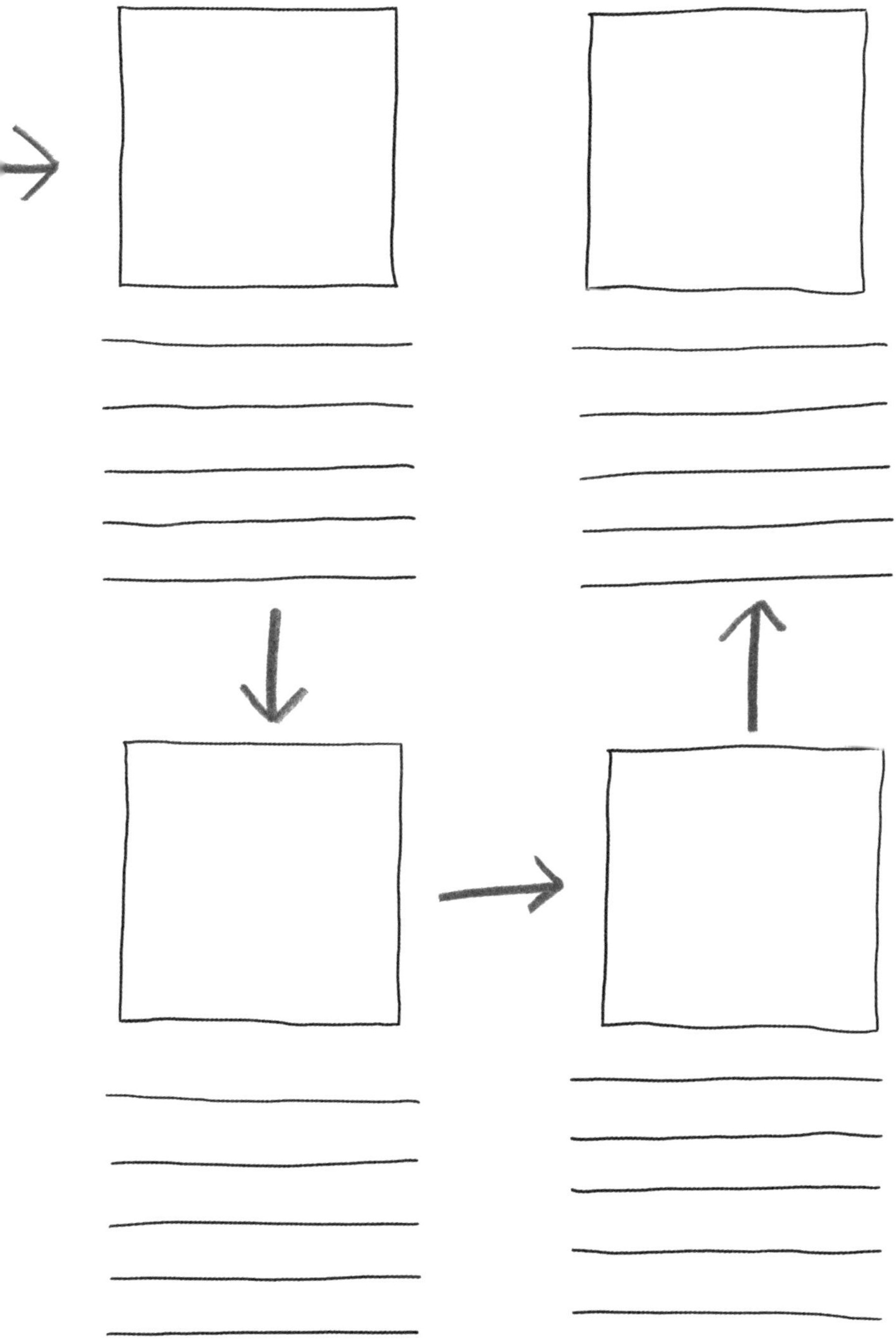

Wenn du noch weitertauschen möchtest, kannst du hier eine zusätzliche Seite einkleben.

Dokumentier den Boden unter deinen Füßen!

Du könntest z.B. alle 5 Minuten ein Foto machen (und es später hier einkleben), Notizen oder verschiedene Rubbelbilder machen, Bodenproben nehmen und, und, und ...

Zeig deinem Mini-Ich die große weite Welt!

1. Bastel dir ein Mini-Ich. (Oder am besten gleich mehrere.) Du kannst dafür die Vorlagen auf der rechten Seite benutzen.

2. Nimm dein Mini-Ich mit nach draußen und setz es ins Gras, auf einen Baum, auf...

3. Fotografiere alle Abenteuer, die dein Mini-Ich erlebt.

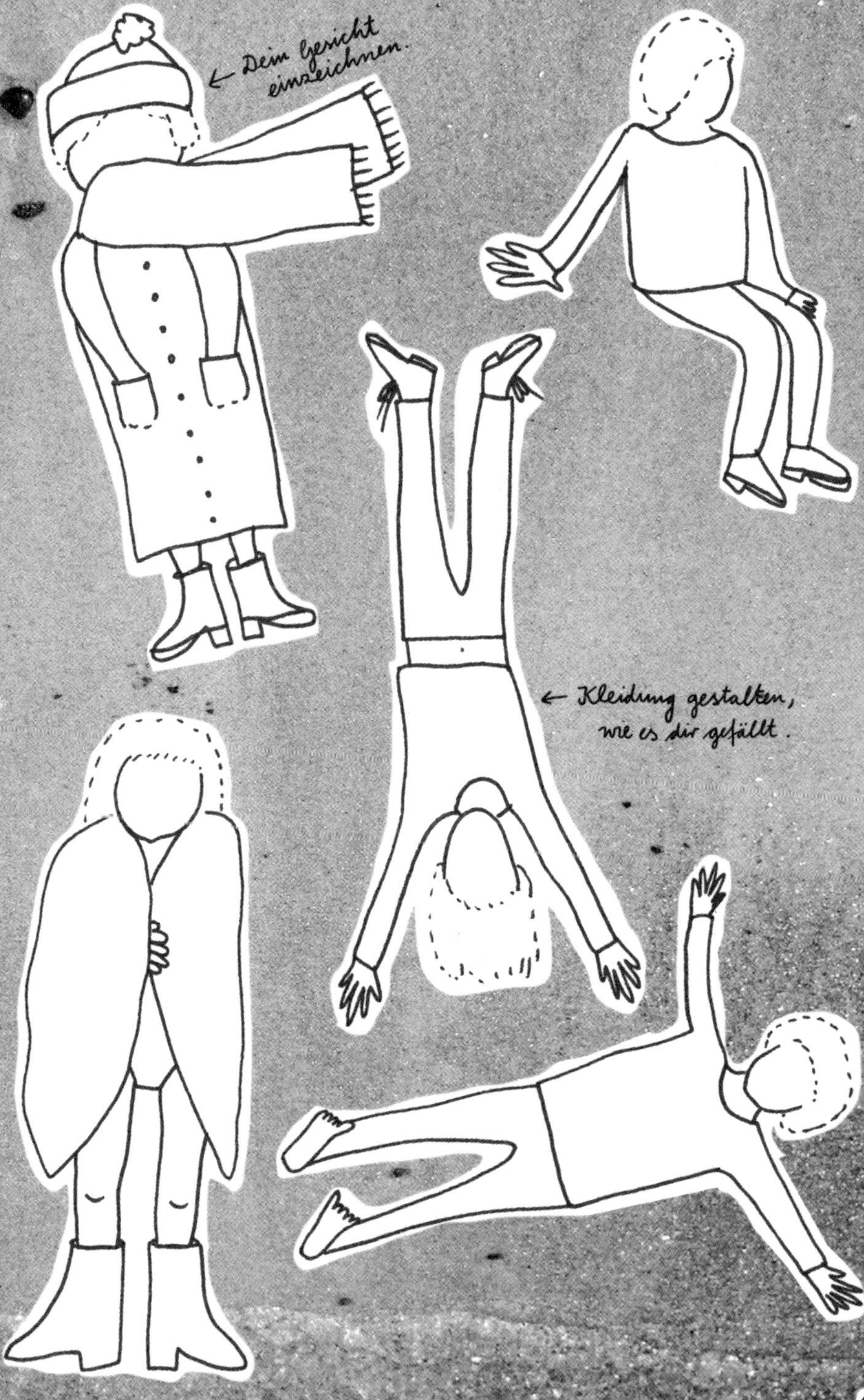
← Dein Gesicht einzeichnen.
← Kleidung gestalten, wie es dir gefällt.

Mach was in deiner Stadt!

- [ ] Geh (oder fahr mit dem Fahrrad) einmal komplett um deine Stadt herum.

- [ ] Lern deine Stadt von unten kennen. (Frag z.B. bei der Stadtreinigung nach einer Führung.)

- [ ] Schick Postkarten aus deiner Stadt an ferne Freunde.

- [ ] Sei Tourist in deiner eigenen Stadt: Mach mal eine Stadtrundfahrt.

- [ ] Spiel Tourist: Lass dich vor jeder Sehenswürdigkeit fotografieren.

- [ ] Plane eine private Stadtführung für deine Freunde.

- [ ] Fahr mit Bus oder Bahn bis zur Endstation und geh dort auf Fotosafari.

- [ ] Steig aufs höchste Gebäude der Stadt und verschaff dir einen Überblick.

- [ ] Lass dich auf verschiedenen Sockeln als Denkmal fotografieren.

Geh verloren!

1. Bastel dir einen Kreisel zum Verlorengehen. (Siehe Abbildung auf der rechten Seite.)
2. Such dir einen beliebigen Startpunkt in deiner Umgebung und setz den Kreisel dort auf den Fußboden.
3. Dreh den Kreisel und geh in die Richtung, in die der Pfeil zeigt.
4. Benutz den Kreisel, wenn es in einer Richtung nicht weitergeht oder alle 3 Minuten.

→ Gute Orte zum Verlorengehen sind zum Beispiel Wälder, Menschenmengen und Kornfelder.

Berichte meiner Irrfahrten ↓

Und jetzt?

TANZEN!

(Allein, zu zweit,
wie es dir gefällt!)

- ☐ auf der Straße
- ☐ bei der Arbeit
- ☐ da, wo du jetzt gerade bist
- ☐ in einer Pfütze
- ☐ am Strand
- ☐ auf dem Sofa
- ☐ in der Bibliothek
- ☐ im Fahrstuhl
- ☐ im Zoo bei den Affen

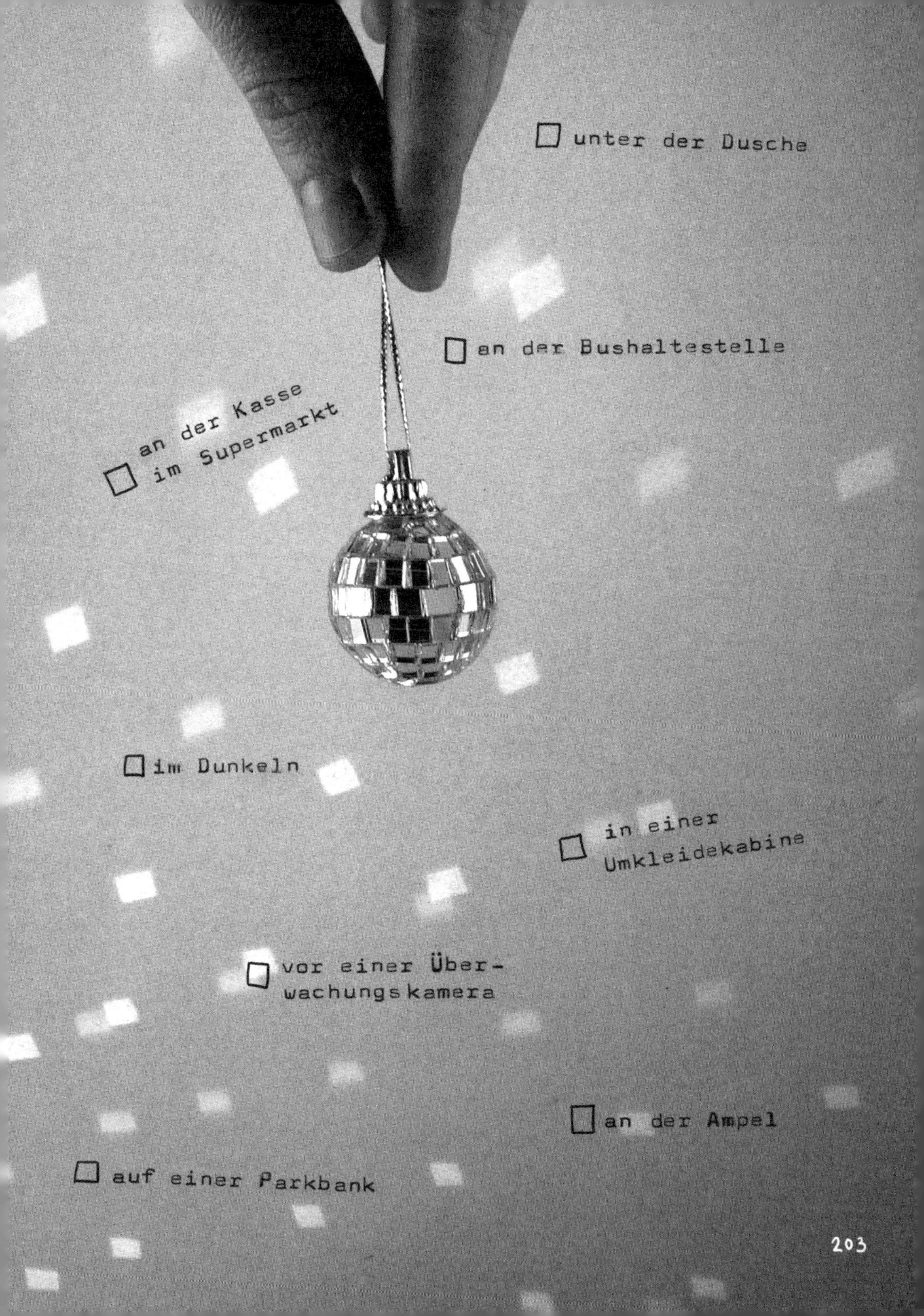
☐ unter der Dusche
☐ an der Bushaltestelle
☐ an der Kasse im Supermarkt
☐ im Dunkeln
☐ in einer Umkleidekabine
☐ vor einer Überwachungskamera
☐ an der Ampel
☐ auf einer Parkbank

Tagebuch
für gute
und schlechte Tage
Zum Ankreuzen und Ausfüllen